U0790029

国家自然科学基金委员会与荷兰研究理事会合作研究项目（72061137072）

中国城市住房市场变迁背景下居民居住生涯探究

Housing Career of China's Residents in the Context of Housing Market Transformation

崔　璨◎著

科　学　出　版　社

北　京

内 容 简 介

本书在中国住房市场变迁的背景下，聚焦城市居民的住房生涯，即个人或家庭住房权属、区位等属性随时间变化的序列，重点围绕住房产权获得、代际传递、居住迁移和住房分化等议题展开分析和讨论，以期推动中国住房研究的理论构建，同时为制定较公平的住房政策提供实证依据和参考。

住房研究是一个典型的跨学科研究领域，涉及城市地理学、社会学、人口学、城市规划、城市经济学、房地产经济学、公共管理学等多门学科。本书适合相关学科、研究领域的学者、教师、研究生和高年级本科生阅读。

图书在版编目（CIP）数据

中国城市住房市场变迁背景下居民居住生涯探究 / 崔璨著. —北京：科学出版社，2022.2

ISBN 978-7-03-070263-0

Ⅰ. ①中… Ⅱ. ①崔… Ⅲ. ①城市-居民-住宅-研究-中国 Ⅳ. ①F299.233

中国版本图书馆 CIP 数据核字（2021）第 216250 号

责任编辑：杨婵娟 刘巧巧 / 责任校对：张亚丹

责任印制：师艳茹 / 封面设计：有道文化

科学出版社 出版

北京东黄城根北街 16 号

邮政编码：100717

http://www.sciencep.com

三河市春园印刷有限公司 印刷

科学出版社发行 各地新华书店经销

*

2022 年 2 月第 一 版 开本：720×1000 1/16

2022 年 2 月第一次印刷 印张：11 1/2 插页：2

字数：232 000

定价：78.00 元

（如有印装质量问题，我社负责调换）

序

“居者有其屋”是“中国梦”的重要组成部分，住房对于中国家庭以及社会经济发展的重要性在21世纪尤为凸显。在经历了社会主义福利性住房制度后，1988年以来的住房市场化改革不仅大大改善了中国居民的住房质量，还给居民带来了多元的住房选择和获得住房产权的机会。在短短30多年间，中国从一个以公共租赁为主的国家一跃成为世界上住房自有率最高的国家之一（超过90%的中国城镇家庭拥有住房），特别是中国年轻群体较高的住房自有率与许多发达国家千禧一代日趋下降的住房自有率形成鲜明对比。由于房价持续上涨，一方面，住房已经成为中国家庭资产最重要的构成部分（占75%以上），远远高于美国（35%）和其他国家；另一方面，年轻人住房负担越来越重，住房可支付问题愈加突出。在中国市场化转型过程中，住房问题显得尤其特殊和值得研究。

崔璨博士的《中国城市住房市场变迁背景下居民居住生涯探究》一书是基于她的博士论文和多年来的研究积累进一步整理和完善而成的，其从住房生涯这一概念出发，为理解中国城市居民的住房行为提供了一个全新的视角。虽然近20年来，中国住房相关研究层出不穷，但是从住房生涯的视角研究住房行为的寥寥无几，所以我很高兴崔博士的这部专著给中国的住房研究带来了新意。该书理论和实证研究相结合，重点围绕住房产权获得、代际传递、居住迁移、住房区位选择和住房分化等议题展开分析和讨论。该书调用生命历程理论、住房福利制度理论、市场转型论和权力持续论、社会分层与住房分化、空间机会结构等相关理论，运用多个城市的调研数据，采用多种定量分析方法，探究个人或家庭层级上的资源和限制如何与宏观层面的住房市场及相关政策相互作用，共同塑造了特定的住房生涯。该书理论性强、研究视角独特、方法论新颖、内容丰富、实证研究扎实，对中国住房研究意义重大，是住房研究者的必读之书。

该书有很多优点和特色。第一，该书将生命历程理论（life course theory）应用于住房研究，采用住房生涯（housing career）的视角，将个体/家庭的住房决策和行为，在微观上与家庭的其他生命历程事件（如结婚、生子、就业等）相关联，在宏观上置于中国特有的社会、经济、制度中。使用的序列分析（sequence analysis）和事件史分析（event history analysis）方法更有助于了解居住经历的演变过程，尤其是住房产权获得（特别是首套住房产权获得）和居住迁移等重要的住房生涯中的事件。这些视角和研究在中国住房研究领域中还较为少见，对于经历了巨大住房制度变化的中国，这样的研究显得尤其有意义。

第二，大部分中国城市住房研究关注户籍制度的二元性及其对外来人口住房行为和消费的影响。该书同样关注户口，但却超越了户籍制度，探讨“社会出身”（social origin）（原生家庭）和“地理出身”（place of origin）对住房生涯的影响，从个体、原生家庭、来源地三个层级剖析住房生涯分化的机制。该书考察“社会出身”的影响，剖析了代际传递对年轻群体住房产权获得的影响，以及代际传递中的性别差异。另外，分析了来源地对年轻群体在城市中住房产权获得的影响，探究了住房分化的区域差异根源。这些研究议题新颖，研究发现有助于我们理解中国年轻群体的高住房自有率、家庭住房和财富不平等，以及社会阶层固化等现象，具有重要的理论和现实意义。

第三，中国城市住房研究大多聚焦以农民工为主要构成的外来人口。随着城市化进程的不断推进，城市中外来人口的规模和多样性不断增加，在此背景下，该书关注高学历、高技能的新市民，分析他们在流入城市的住房产权获得和居住迁移，扩展和丰富了我们对外来人口和新市民的了解。在中国产业结构转型升级、人口老龄化、劳动力短缺的背景下，各城市频频推出面向人才的落户和住房政策以吸引高技能外来人口。虽然高技能外来人口通常能获得本地户口，但是因为他们特有的“社会出身”和“地理出身”，其住房生涯中依旧面临挑战。

总之，该书理论和实证相结合，视角和方法新颖，是中国住房研究领域中不可多得的佳作。我很感谢能提前阅读该书，学习住房领域的前沿研究。相信该书会大大丰富中国住房实证研究，对住房研究者和各类社科学者都有重要的启示和借鉴价值。随着住房改革进一步深化和住房市场日益成熟，中国住房研究也在近一二十年出现了前所未有的热潮，很欣慰地看到学者从各种视角来分析住房行为和相应的社会经济效应。受益于人口普查和各种调查数据的可得性，相信中国的住房研究会日益细化、深化和理论化，在不久的将来迎来住房研究的春天。也许该书的出版标志着春天已经来临。

黄友琴　教授

美国纽约州立大学奥尔巴尼分校地理和规划系

2021 年 10 月 27 日于奥尔巴尼

目　　录

第1章 绪论

1.1 研究背景

住房是民生福祉的基础之一，具有满足人们生理生活和精神生活需求的重要功能。作为广大城市居民安居乐业的根本和基础，住房不仅是一种消费品，而且是个人财富和社会地位的重要体现，决定着居民的生活环境，影响其社会交往，关乎社会的公平公正、经济的平稳运行和国家的长治久安。因此，住房产权获得、居住迁移等居住行为成为城市地理学、社会学、政治学和经济学等学科的重要议题。

过去40多年，中国经历了从福利性住房制度到市场化住房制度的转变，城市居民住房自有率由20世纪80年代的10%上升到2019年的96%（中国人民银行，2020）；城市人均住房建筑面积从1978年的7.7平方米增长到2018年的39平方米（国家统计局，2019）。中国住房商品化和市场化改革对个体生活机遇和社会分化产生了深刻影响，使得不同世代的居民有着截然不同的生活经验、住房机会，在生命历程的转折阶段或关键时期表现出群体性行为差异，呈现出不同的住房生涯特征。与此同时，住房价格的持续上涨引发的住房可支付问题加重了青年群体购房的负担。年轻人的“买房梦”越来越依靠家庭支持，原生家庭住房资源的优势或劣势通过代际传递延续到子代家庭中，加剧了社会财富分配的不平等（Köppe，2018；Cui et al.，2021）。

随着城市化进程的不断推进以及流动人口大量涌入城市，外来人口的住房问题成为城市社会发展面临的重要考验。快速上涨的房价和户籍制度使得外来人口与本地人口表现出不同的住房轨迹。长期以来，流动人口基本上被置于主流住房分配体制之外，租房成为流动人口住房的常态（吴维平和王汉生，2002）。然而随着中国城市产业转型及高等教育的普及，流动人口结构发生了明显的变化，即高技能外来人口的占比增加。不同于传统的农民工，高技能外来人口在流入城市往往表现出强烈的定居意愿，以在城市购房、成为“新市民”为目标，其居住轨迹与本地人口及其他流动人口均有着显著差异。因此，探究外来人口，尤其是高技能外来人口在住房生涯上的异质性，成为各个城市制定合理的住房政策、实现外来人口市民化的重要前提。

城乡之间以及不同等级城市之间在自然地理条件、社会经济水平、资源配置等方面的不均衡影响并导致社会不平等的再生产。不同个体的出生地在教育、就业、医疗等方面提供的机会和资源存在差异，影响着个体的社会经济属性（Galster，2012；Galster and Sharkey，2017）。在中国户籍制度的辖地管理原则下，城乡之间、城市之间以及区域之间在资源和发展机会等方面的差异导致来自不同区域的个体之间产生结构性的社会差别（陆益龙，2008）。在人口流动规模增加和区域差异扩大的背景下，不同流出地的流动人口在经济、社会和政治资源等获得上的差异影响着其自身的社会经济属性以及其在城市住房市场中的竞争力。

尽管住房市场化改革基本解决了城镇居民住房短缺的问题，但从结构上来看，特定区域、特定人群的住房问题仍需关注。高企的房价以及普遍执行的与社会保障和福利挂钩的住房政策加剧了由代际累积、户籍壁垒以及地区间发展差距所产生的群体差异。然而，目前住房的微观研究大多基于西方的经验，中西方不同的体制和制度意味着探究中国城市居民住房生涯离不开中国话语体系下的理论和实证探索。因此，要实现居民的“安居”、缓解当前的住房矛盾，亟须加强对中国城市居民住房生涯的研究，深化对不同群体住房生涯的理解。本书在中国城市住房市场变迁的背景下，从住房生涯的角度切入，对住房生涯的概念进行了界定，关注个体住房生涯中住房产权获得、居住迁移等重要事件，并刻画了住房生涯中住房类型、区位变化的时空轨迹，进而揭示影响这些事件及居住轨迹变化的因素，以期推动中国住房生涯研究理论的构建并为住房政策的制定提供参考。

1.2 研究意义

1.2.1 理论意义

住房是百姓安居乐业的根本和基础，满足人民合理的住房需求关乎人民的福祉，只有使“居者有其屋”，才能保证社会经济的平稳运行和国家的长治久安（温宗勇等，2013）。加快建立符合国情、适应市场规律的房地产基础性制度和长效机制已成为共识，而这离不开对城市居民住房生涯的深入理解。本书从微观层面系统地探究个人和家庭的择居行为，剖析个人和家庭层面上的资源和限制如何与宏观层面的住房市场及相关政策相互作用塑造了特定的住房轨迹，具有一定的理论意义。

（1）生命历程理论为探究微观个体的住房生涯研究提供了重要的理论视角。将生命历程理论应用到住房生涯研究中，有助于将住房产权获得、居住迁移等住房生涯中的重要事件以及住房生涯中权属和区位的变化过程与微观层面的家庭结构变化、职业生涯发展以及宏观层面的中国特有的社会、经济、住房制度等更广泛的社会经济背景联系起来。这为构建适用于中国城市居民住房生涯研究的理论体系奠定了基础。

（2）艾斯平-安德森（Esping-Andersen）的福利制度理论为研究中国住房制度变迁过程中国家、市场、家庭对城市居民住房获得的影响提供了重要的分析框架。通过对居民住房类型影响因素的解析，可以观察到国家、市场和家庭在中国住房市场化改革的不同时期所扮演角色的动态变化。这为深入解析中国住房制度变迁提供了一个重要的视角。

（3）代际传递是研究住房不平等的重要视角。本书从代际视角出发对居民住房生涯进行了探究，探讨了代际支持对个体住房获得产生影响的原因、过程和结果。中国传统社会结构中素来有父母帮助子女购房的传统，父母可以通过显性或隐性的方式为子女的购房提供支持。住房价格的上涨、独生子女政策带来的家庭结构变化以及父母在市场化改革中的财富积累，又进一步加强了年轻人与父母之间的互助关系。本书揭示了住房资源的优势/劣势在不同世代不断积累、延续和扩大的过程，这有助于深化对住房不平等的认识。

（4）宏观的地理差异对城市内部居民住房分化研究具有重要影响。本书探究了不同来源地居民的住房生涯分化，一方面可以将住房不平等与更广泛的地理环境联系起来，帮助我们理解宏观地理差异对个体间住房分化的影响；另一方面有助于我们理解宏观地理差异对个体间分化的影响及内在机制，对社会学中已有的“社会出身”概念进行补充，有利于深化社会不平等再生产机制的相关理论。

1.2.2 现实意义

改革开放以来，随着国家住房制度改革的推进，房地产市场蓬勃发展，已经成为国民经济的重要增长点和支柱产业之一。居民的住房自有率显著提高，居住环境和居住条件也发生了明显改善。与此同时，住房政策、住房市场在不同时空背景下存在的差异重塑了住房获得的机会和结构，城市住房的分层现象也不断凸显。本书在中国城市住房市场变迁背景下，研究居民住房生涯，具有一定的现实意义。

（1）从生命历程视角出发揭示住房生涯有助于认识、归纳居民住房轨迹的一般性规律，对制定更为科学的住房政策具有重要意义。本书的关注点从住房生涯中重要事件（居住迁移、居所购置）扩展到整个住房生涯动态变化，通过对个体和家庭住房生涯的刻画与分析，了解个体的居住行为以及不同阶段所面临的住房问题。通过总结、归纳不同特征群体住房轨迹的变化规律，可为相关部门提供政策支持，根据现阶段的人口结构以及未来发展趋势，调整住房供应或相关住房政策。

（2）探究居民在住房类型上的分化对理解住房结构的调整以及多主体供给、多渠道保障、租购并举的住房供应与保障体系的建立具有重要意义。不同社会经济属性的群体不仅在购买商品房、租赁市场房等方面存在明显分化，在获得保障性住房的机会上也存在显著差异。因此，在削弱住房的附加属性、控制房价的快速上涨、抑制投机行为、恢复住房的居住属性的同时，也要有效增加保障性住房供给、完善长租房政策、扩大保障性租赁住房供给，这成为推进“租售并举”住房政策的关键。

（3）揭示代际传递在子女住房产权获得中的作用有助于理解住房不平等是如何在代际传递和再生产的。在当今社会中，住房不仅是个体和家庭重要的生活空间，还是可以出租、出售、投资、获利的商品，住房已成为中国家庭财富的重要组成部分。再加上受到中国传统父系家庭财富传承的文化观念影响，出于社会文化责任和经济投资的双重考虑，父代家庭财富正通过住房传递到子代，加剧了住房分化和群体差异，不利于社会流动。

（4）刻画不同来源地人口在住房市场中的分化有助于理解空间发展不均衡对社会阶层分化的影响。不同地区、城市发展程度的差异交织在一起强化了不同来源地的人口在住房市场中的分化。来自不同地区的流动人口在教育、医疗等资源的获取上存在明显差异，来源地赋予个体的资本优势会随着人口迁移在空间中转移，并表现在流入地的住房市场中。住房市场和经济社会水平在地区间发展的差异产生了机会不平等，进而影响了个体社会经济地位和阶层分化。因此，在今后的政策制定中，一方面，应将深化户籍制度综合改革继续作为重要切入点，进一步推进人口城镇化，打破人口在地区间流动的制度壁垒，促进城镇化过程中劳动力和人才的社会性流动；另一方面，应促进资源和发展机会在地区之间的合理分配，尤其注重基础设施建设和教育支出等关系人民福祉的资源的均衡布局，减少地区之间个体发展机会和资源的结构性差异，对实现住房公平、降低中国社会不平等程度尤为重要。

（5）青年群体是住房政策需要特别关注的群体。年轻人在住房市场上的弱势地位给当代中国的城市发展带来了重大挑战。当前，住房产权获得已然成为结婚的先决条件，当下沉重的住房负担加剧了结婚率降低、生育率下降等社会问题。与此同时，强调拥有住房是婚姻市场的先决条件，可能会把在住房市场处于劣势的年轻男性挤出婚姻市场。为了应对这些问题，当下迫切需要建立法律法规健全的住房租赁市场，并扩大公共住房的供应，塑造“租售同权”的政策环境，弱化婚房这一社会规范。

（6）关注高技能外来人口有助于制定有针对性的人才吸引政策。当今我国流动人口已不再是一个高度同质的群体，其内部结构已经产生了分化。在人力资本、物质资本以及政治资本方面表现突出的高技能外来人口是城市社会经济发展的重要“引擎”，成为各大城市纷纷争夺的对象。然而，与本地人口相比，这一群体在住房生涯上的劣势仍较为凸显，尤其是在住房生涯的初始阶段，其不仅具有较高的租房比例，且多通过市场进行住房租赁，租住于公租房、单位房的比重较低。在日益激烈的城市“人才争夺战”中，如何制定具有针对性的住房政策、促进高技能劳动力尽快实现稳定的“安居”状态，对提升城市竞争力具有重要意义。

1.3 中国住房市场变迁

中国城镇住房制度随着新中国的经济社会发展经历了多次变革，走过了探索与巨变之旅。新中国成立初期，随着社会主义三大改造的启动，城市私房公有化逐步推进，城市私房和私人租赁性质的住房基本不存在。随后，政府出资、单位负责建设及分配的“福利性住房分配制度”在中国逐步建立起来。通过低租金、高福利来维护国家及其政权的合法性，使得住房租金的投入和产出无法维持住房建设的可持续发展，人民日益增长的合理住房需要无法依靠国家持续增长的住房建设投资获得基本满足，住房制度改革需求日益迫切。改革开放对社会住房经济体制的改革恰为住房制度的发展提供了良好契机。

20 世纪 70 年代中后期，为缓解住房供给和需求之间不匹配的问题，城市住房进行了市场化探索。新旧公房试点出售措施开始实行，“三三制”补贴售房和针对旧公房的“提租补贴”等政策也积极实施，出现了集资合作房、出售公房等多种住房形式。在此过程中，通过房屋产权转变，私人住房产权也得以确立，“住宅作为个人消费品可以成为私有财产，可以买卖”的共识已经达成。1992 年邓小平南方谈话以后，全国房地产市场逐步放开，金融机构开始发放房地产开发贷款，中国房地产市场进入快速扩张期。但由于福利性住房制度存在巨大惯性、商品房相关配套制度不成熟，住房分配体制始终没有发生根本性的变革，福利性住房分配仍然占据主导地位。

1997 年亚洲金融危机为中国住房商品化、金融化的发展提供了一个新的契机。为了应对金融危机、扩大内需，中央计划将房地产业培育成新的经济增长点（陈杰，2019）。1998 年，国务院正式宣布全面停止住房实物分配，实行住房商品化。自此，中国住房制度进入市场化时代。到 2003 年底，多数城镇可售公房已成功出售，城市居民住房自有率进一步提高到 70%以上，中国城镇住房产权结构发生重大转变。

从 2004 年开始，中国进入稳定房价、建立住房保障体系的双重目标时期。为抑制房地产投机问题、缓解住房价值增加引发的社会分层现象，国家出台了一系列的住房市场调控政策。2005 年，《国务院办公厅关于切实稳定住房价格的通知》（国办发明电〔2005〕8 号，简称“旧国八条”）发布，这是第一个国家层面的房地产市场调控政策。该通知除了强调房地产业是我国国民经济的重要支柱产业外，还第一次公开承认住房价格上涨过快会影响整个国民经济的健康运行。然而，房价上涨的趋势并未得到有效遏制，房价仍在一次次调控中不断上涨，严重影响了住房市场的良性运转，引发中低收入人群的住房保障问题、青年群体的住房可支付问题、住房高空置率及高库存问题等（陈杰，2010）。

在经历了长时间的调整与转变后，中央逐步意识到单纯调整房价、防范风险不能从根本上解决中国房地产业的问题，当下房地产市场的主要问题已经从解决住房资源短缺转变为如何构建能促进房地产市场健康发展的长效机制。在此背景下，2016 年的中央经济工作会议首次提出“房住不炒”的定位。同时，“租购并举”悄然若揭。2017 年 10 月党的十九大报告指出“坚持房子是用来住的、不是用来炒的定位，加快建立多主体供给、多渠道保障、租购并举的住房制度，让全体人民住有所居”。2021 年《中华人民共和国国民经济和社会发展第十四个五年规划和 2035 年远景目标纲要》（简称“十四五”规划）提出，坚持“房住不炒”的定位，租购并举、因城施策，促进房地产市场平稳健康发展。此外，中央经济工作会议将“解决好大城市住房突出问题”作为 2021 年度重点任务之一。这充分说明“房住不炒、租购并举”将成为今后相当长时期党和政府解决我国城镇住房问题、建立房地产市场健康稳定发展长效机制的核心指导思想，进一步为住房回归居住属性打好基础。

本书将 Esping-Andersen 福利体制中的“国家-市场-家庭”理论框架应用到中国城市住房制度改革的分析中。Esping-Andersen（1990，1999）归纳了三种类型的福利国家制度，即以美国和英国为代表的追求市场作用最大化的自由主义福利体制（liberal welfare state regime）、以法国和德国为代表的倡导维持阶层差异的保守主义福利体制（conservative-corporatist welfare state regime）、以北欧为代表的强调政府作用的社会民主主义福利体制（social-democratic welfare state regime）。国家、市场和家庭在不同福利体制中的作用是不尽相同的（Groves et al.，2007）。其中，在自由主义福利体制的国家和地区，市场的调节作用格外重要；而在北欧等社会民主主义福利体制中，政府是福利的主要提供者，在住房的建设中起到了重要的作用。值得一提的是，家庭在住房供给中的作用是普遍存在的，不仅存在于南欧和保守主义福利体制的国家和地区中，西欧和北美等国家和地区（如美国、荷兰）也存在这种现象（Mayer and Engelhardt，1996；Helderman and Mulder，2007）。根据中国城镇住房制度改革实践以及国家、市场和家庭在住房供给中所发挥的作用，可将中国城市住房制度的变迁分为三个阶段（图 1-1）。

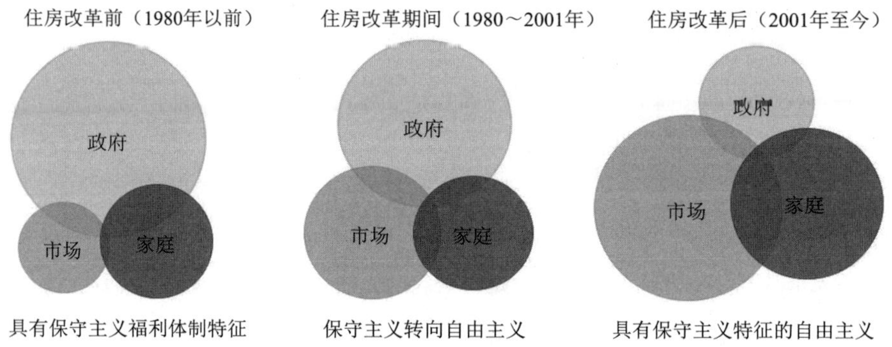

图 1-1　中国城市住房制度变迁

（1）住房改革前为福利性住房分配制度，住房供应主体为政府和单位，市场发挥的作用极小，家庭提供的住房资源也有限。在社会主义住房供应制度中，城市住房作为一种福利主要由当地政府或工作单位（主要是公有部门）根据居民的户口状况、工作级别、资历、政治地位等一系列标准进行分配。这一时期的中国住房制度具有保守主义福利体制特征。

（2）住房改革期间，通过住房私有化向市场化转型，政府和单位在住房供给中发挥的作用逐渐减弱，但并未完全退出住房供给体系，公共住房仍以不同形式存在。与此同时，商品房开始出现，市场机制开始建立。一方面，通过住房私有化，以极低的价格将原公有住房的产权转移给福利住房的租赁者；另一方面，以市场主导的商品房开始从试点城市逐步向全国推广。除此之外，公共住房以经济适用房、保障性住房等形式继续存在。在此过程中，中国的福利体制特征从保守主义转向自由主义。

（3）住房改革后，市场承担了住房供应的主要责任，政府和单位在住房供给中的作用进一步弱化，而在高房价的背景下，家庭在青年群体进入住房市场过程中发挥的作用也逐渐凸显。这一阶段，购买商品房成为人们获得住房的主要途径，来自市场的住房抵押贷款和家庭的资助成为人们购房资金的主要来源。此外，国家通过住房公积金项目建立起强制性储蓄账户，并通过提供利率补贴的住房贷款来提高职工住房支付能力。

1.4 研究内容和框架

自20世纪80年代实行住房市场化改革以来，中国经历了由单位分房为主导的福利性住房制度向住房市场化制度的重大转变，城市居民的住房获得方式发生了巨大变化（Zhou and Logan，1996；Wang and Murie，2000；吴开泽和陈琳，2014），住房分化现象在不同群体之间日益凸显。户籍制度的限制以及较低的社会经济地位使得外来人口在本地住房市场的竞争力受限，具有不同户口和社会经济属性的群体的居住行为存在差异。不同出生队列的居民面临的制度背景和住房机会截然不同，在生命历程的转折阶段或关键时期表现出群体性行为差异，呈现出不同的住房生涯特征。与此同时，住房价格的持续上涨引发的住房可支付问题加重了青年群体购房的负担，代际支持成为年轻人住房获得的重要途径，但在一定程度上加剧了年轻一代的住房不平等。除了社会出身，地理出身同样影响流动人口的购房能力，来自不同城市的流动人口在住房行为上产生了明显分化。由此可见，尽管住房市场化改革使得城镇居民住房短缺的问题基本得以解决，但从结构上来看，特定区域、特定人群的住房问题仍需关注。

因此，本书将西方的生命历程理论与中国特有的社会、经济、住房制度相结合，尝试构建适用于中国城市住房生涯研究的理论体系；不仅关注住房生涯中的重要事件，还对居民整个住房生涯动态变化进行分析，探索展示完整的“居住轨迹”；分析不同社会群体住房生涯的分化，从不同维度剖析住房分化现象的形成。这对理解住房市场化变迁背景下，不同世代、户口状态，以及原生家庭背景的居民在生命历程中的各个阶段所表现出的住房生涯分化现象具有重要意义，同时为制定较为公平的住房政策提供了理论与实证依据。

住房生涯中的重要节点——住房产权获得。第 3 章主要探究了本地人口与外来人口、不同世代，以及不同来源地的外来人口之间在住房产权获得上的分化。分别揭示了户口、世代、来源地三个因素对居民住房产权获得的影响及其内在机制。第 4 章从代际传递视角出发讨论了青年群体的住房问题，揭示了父母的住房产权状况和社会经济地位对子女住房获得的直接与间接影响，并进一步探讨了这种影响机制的性别差异。第 5 章探讨了中国城市居民住房类型分化，从宏观的城市尺度刻画了保障性住房和市场性住房的空间分布，并从微观层面揭示了个体和家庭获得保障性住房和市场性住房的影响因素。

住房生涯中调整住房状态的事件——居住迁移。第 6 章讨论了住房生涯中居住迁移的特征及其影响因素。这一章比较了高技能外来人口和本地人口的居住迁移模式，并分析了家庭、教育、工作、住房生涯等生命历程因素和制度性因素对高技能劳动力迁居行为的影响。第 7 章进一步探究了居住迁移后住房区位选择及其影响因素。首先，运用时空可视化方法刻画了不同群体的居住迁移时空轨迹；其次，比较了本地人口和外来人口居住迁移前后的区位变化与产权变化；最后，运用多项逻辑斯蒂回归模型探究居住迁移区位选择的影响因素。

住房生涯分化特征及其影响因素。第 8 章首先利用序列分析（sequence analysis）法揭示了不同世代、不同户口、不同家庭收入的群体间在住房序列上的分异，生动地展现了不同群体住房生涯的变化。其次，聚焦城市的高技能外来人口，基于在南京的问卷调查，刻画了本地人口和外来人口在生命历程中住房产权和住房区位的变化，总结了住房生涯的几种模式，并进一步探究了这些住房生涯模式形成的影响因素。

本书的研究框架如图 1-2 所示。

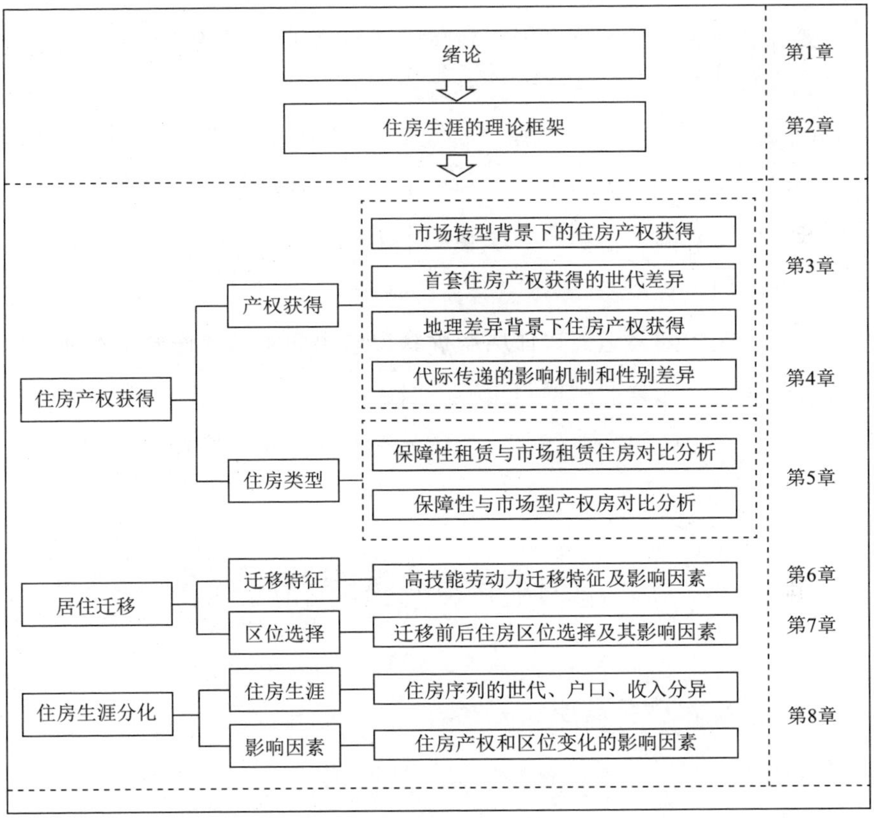

图 1-2 本书研究框架

第2章

住房生涯的理论框架

2.1 住房生涯的概念和内容

2.1.1 住房研究的热点及演变趋势

为识别和揭示住房研究的演变趋势及最新动态，本书运用 VOSviewer 软件[①]，对居住行为研究文献进行关键词共现分析。限定 Scopus 文献数据库中经济学、地理学以及社会学领域与居住行为研究较为密切的 25 个期刊[②]，并对主题词 housing

① VOSviewer（Visualization of Similarities Viewer）由荷兰的凡·艾克和瓦特曼两位年轻的博士开发，这个软件具备了几乎所有常见的文献计量分析功能，如文献耦合、共被引、合作以及共词分析等，被广泛应用于多个领域的学科计量分析中。

② 根据研究经验以及出现的频率选取了相关性较高的、具有代表性和权威性的 25 个期刊作为数据来源，分别是 *Environment and Planning A*；*Urban Affairs Review*；*Progress in Human Geography*；*International Journal of Urban and Regional Research*；*Cities*；*Urban Studies*；*Urban Geography*；*Housing Studies*；*European Journal of Housing Policy*；*International Journal of Housing Policy*；*Journal of Housing and the Built Environment*；*Journal of Housing Research*；*Habitat International*；*Housing，Theory and Society*；*Housing Policy Debate*；*Housing Policy*；*Sociology*；*European Sociological Review*；*Social Science Research*；*Chinese Journal of Sociology*；*Journal of Real Estate Finance and Economics*；*Journal of Urban Economics*；*Journal of Housing Economics*；*Real Estate Economics*；*Population，Space and Place*。

进行检索，共得到 5544 条记录，最早的记录出现在 1966 年。总体来看（图 2-1），研究热点包括住房产权获得（homeownership）、低收入群体住房（low-income housing）、住房市场（housing market）、房价（house price）及居住迁移（residential mobility）。其中，住房产权获得与住房市场、房价、住房权属选择、福利体制以及代际支持（intergenerational support）的研究网络正逐步建立；住房可支付性研究往往与少数族裔、低收入群体紧密相关；而居住迁移的研究与住房产权获得、生命历程以及住房生涯密不可分。

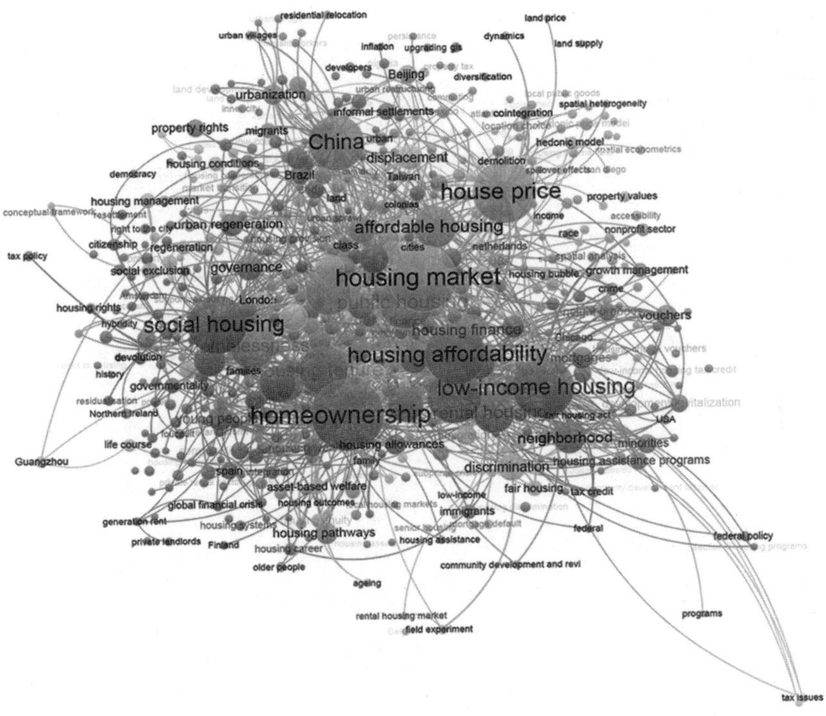

图 2-1　1966～2020 年住房研究关键词共现网络（文后附彩图）

从时间维度来看，近 30 年，与住房相关的研究正向“多视角、多核心、多网络”的模式演变（图 2-2）。1990～1999 年，学者主要围绕低收入群体开展了有关住房可支付性、住房产权获得、居住迁移等方面的研究。2000～2009 年，随着住房制度的变迁，住房产权获得、住房市场及公房（social housing）逐渐受到学者关注。到 2010～2020 年，围绕着青年群体，住房产权获得、住房市场、住房可支付性、房价等与居住行为相关的研究主题在网络中愈加突出。此外，研究从微观个体逐渐扩展到社区和城市尺度，与微观个体居住行为密切相关的中产化（gentrification）、邻里效应（neighborhood effect）、居住隔离（segregation）、郊区化（suburbanization）及城市更新（urban renewal）等研究在网络中凸显。另外，从制度和市场向家庭延伸的多视角研究也正逐步建立。相较于制度和市场的作用，家庭在居住行为中的作用也开始受到学者的关注。从研究区域看，中国和英国等热点研究区域是在20世纪90年代初期集中出现的。2000～2009年，荷兰、日本及中国等国家的居住行为开始受到学者的关注。到2010～2019年，以欧洲（荷兰、英国、意大利、瑞士、芬兰、法国等）、北美洲（美国、加拿大）、东亚地区（中国、日本）、东南亚地区（新加坡）、大洋洲（澳大利亚）为核心的研究网络已初步形成。就中国而言，伴随着住房市场化的改革，以广州、北京、南京和上海等城市为研究对象，与住房市场、房价及青年群体密切相关的住房产权获

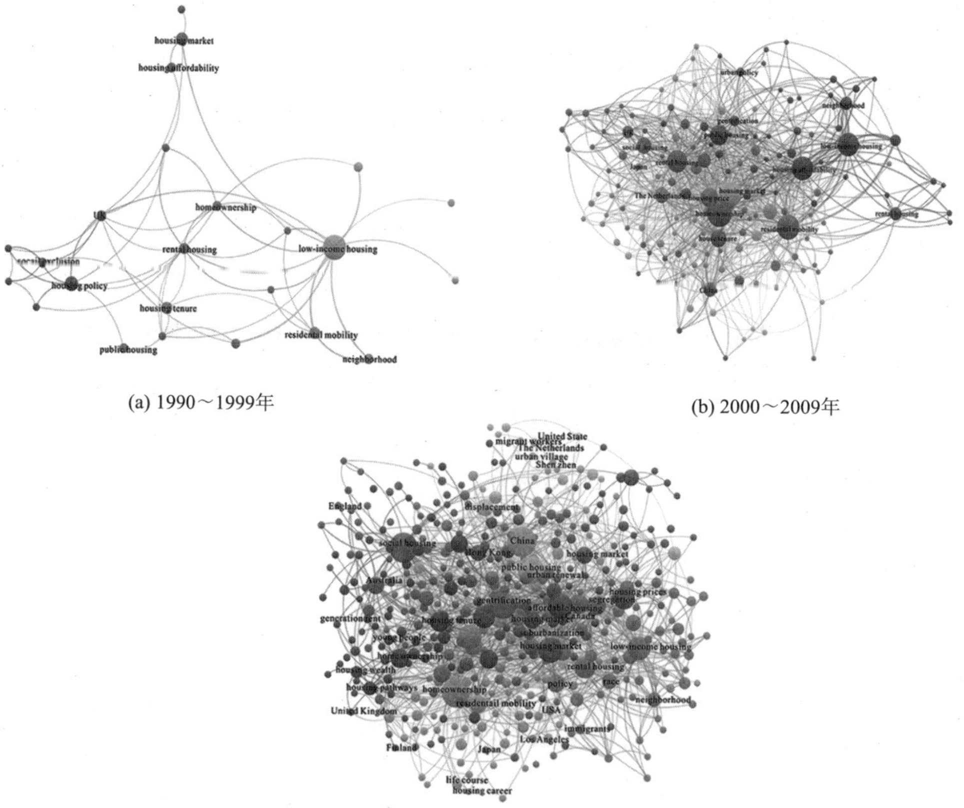

(a) 1990～1999年

(b) 2000～2009年

(c) 2010～2020年

图2-2　住房研究关键词共现网络演化（文后附彩图）

得、居住迁移等住房行为研究愈加凸显。市场转型、城市重塑（urban restructuring）、外来人口、城中村（urban villages）、公租房（public rental housing）在中国研究网络中开始显现。总体而言，与住房产权获得、居住迁移和住房生涯等住房行为研究相关的网络正逐步扩大，成为学者探究的重要议题。

2.1.2　住房生涯的概念与框架

通过上述文献整理分析发现，住房产权获得、居住迁移以及住房生涯的研究网络正在逐步扩大。住房生涯对我们探究住房产权获得、居住迁移等重要事件以及解释住房状态的变化轨迹具有重要意义。Kendig（1984）首次提出了住房生涯的概念，尝试从居住迁移、住房阶层的视角去解释住房生涯；强调住房市场供需之间的联系，并将住房产权与更宽泛的社会不公平问题联系在一起。Pickles 和 Davies（1991）从家庭的视角出发，将住房生涯定义为家庭住房史中的住房序列。Clark 等（2003）在此基础上做了进一步的补充，认为住房生涯是个人或家庭在生命历程中的居住经历序列，即以住房区位、权属、质量、价格等属性定义的住房状态的时间序列，强调个人或家庭在改善住房条件时所采取的具体步骤。据此，本书将住房生涯界定为：以寻求和获得更好的栖身场所为动机和目的，对住房产权、区位等属性进行选择的微观个体行为，主要包含住房产权获得、居住迁移事件，以及较长时期内的居住状态的变化轨迹，如图 2-3 所示。

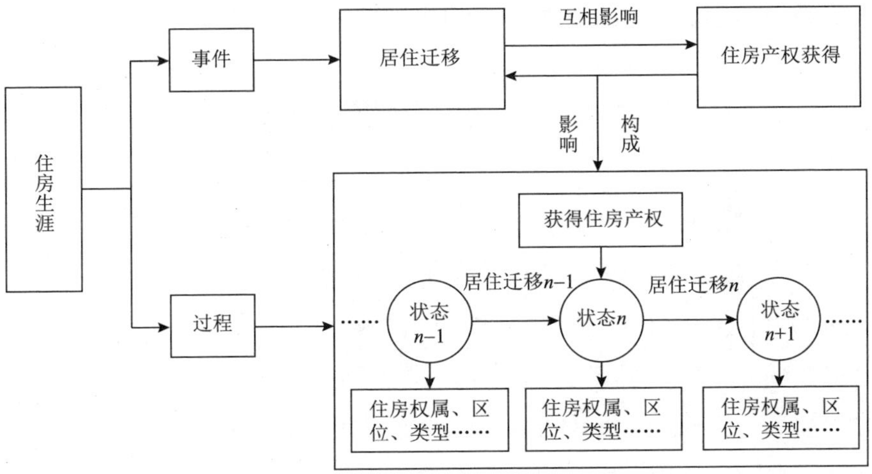

图 2-3　住房生涯概念框架

住房生涯是对微观个体居住行为的研究，包括对每一次居住事件的探究以及居住经历过程的揭示。其中，住房产权获得和居住迁移注重对居住事件的刻画与解释。住房产权获得是个人或家庭居住历程中最为关键的一步。家庭与个人的迁居是为了缓解居住压力、满足居住需求和偏好，对住房属性进行调整的过程，是获得住房产权的重要步骤（Li，2004）。与迁居和住房产权的获得等事件不同，住房生涯强调个人或家庭生命历程中一系列的居住经历（Clark et al.，2003），关注事件之间的时间先后序列和内在联系。居住迁移与住房产权获得都是住房生涯中的重要事件，其中住房产权获得是个人和家庭财富累积的重要途径和社会地位的重要体现（Gu et al.，2016），被视为住房生涯的最终目标（Mulder and Wagner，2001），而居住迁移是攀登住房生涯高峰的实施路径（Clark et al.，2003）。

2.2 住房生涯的相关理论基础

2.2.1 生命历程理论

生命历程理论（life course theory）起源于20世纪初芝加哥学派对移民的研究，具有跨学科、综合性的特点。生命历程理论由生命周期理论发展而来，但生命周期理论往往规定一整套有序的生命周期阶段，缺乏将生命事件和历史时间联系起来的机制。与之相比，生命历程理论更具弹性，考虑了个体生命历程的多样性，认为个体的生命历程由一系列不同的生命历程事件构成（Elder Jr. et al.，2003）。生命历程的分析框架不仅考虑微观层面上个体和家庭因素与生命历程发展的关系，同时关注社会、经济和文化背景等宏观因素产生的影响（吴开泽和陈琳，2014；Mulder and Hooimeijer，1999）。生命历程理论认为个体轨迹是社会力量和社会结构的产物，关注的是具体内容、时间的选择，以及构成个人发展路径的生命历程事件的先后顺序（李强等，1999）。事件史分析法则是应用于生命历程理论的重要研究方法。

生命历程理论的基本原理大致可概括为以下四个方面。一是“一定时空中的生活”原理，即关注个体在何时出生、属于哪一世代，以及在何地出生，将个体的人生发展同宏观的历史和空间因素联系起来。二是“相互联系的生活”原理，即认为个体的生活和发展嵌套于复杂的社会关系网络之中。个体的生命事件与其他个体的生命历程发展之间存在相互影响。三是“生活的时间性”原理，即认为某一事件发生的时间甚至比事件本身更具意义，这强调了人与环境的匹配，也包含了个体之间生命历程的相互协调发展。四是“个人能动性”原理。在一定的社会环境中，个体仍具有相对的主观能动性，可以有计划、有选择地推进自己的生命历程（Elder Jr. et al.，2003；李强等，1999）。

生命历程理论中常使用三个关键且密切相关的概念——轨迹、变迁和转折点——来描述个体发展。轨迹是指发展过程中变化的路径，如工作、婚姻等的发展轨迹，反映个体在较长时间内的生命模型。变迁则是指在生命轨迹之中新状态或角色，是一种渐进式的变化，如在工作轨迹中职业的变化。转折点是由一种状态到另一种状态的突然且实质性的变化。轨迹和变迁之间的相互作用形成了个体生命历程中的重要转折点，而这种转折点具有改变生命轨迹方向的较大可能性（李强等，1999）。

根据生命历程事件的从属领域，生命历程可以划分为既相互平行又相互关联的生涯，如教育生涯、家庭生涯、职业生涯和住房生涯（Willekens，1999）。其中，住房生涯（housing career）被定义为个人或家庭在生命历程中的居住经历序列，即以住房区位、权属、质量等属性定义的住房状态的时间序列（Clapham，2002；Clark and Huang，2003；Clark and Withers，2008）。使住房状态发生变化的事件，包括居住迁移（residential mobility）和购置首套居所（entry into homeownership），它们是住房生涯研究的重要议题（Clapham，2002；刘望保，2006）。在生命历程视角下，住房状态不仅与个体重要的生命历程事件相关联，如结婚、子女出生、工作变动等（Kendig，1984；Davies and Pickles，1991；Clark et al.，1994；Deurloo et al.，1994；Feijten and Mulder，2002；Li，2004；Mulder，2007；Holland，2012），而且与宏观的住房市场环境和更广泛的社会经济背景之间也存在紧密联系（Dieleman and Everaers，1994）。

2.2.2 住房福利制度理论

基于国家、市场和家庭在福利供给方面的不同安排，Esping-Andersen（1990）确定了自由主义（liberal）、社团主义（corporatist）和社会民主主义（social-democratic）三种政体类型。以美国为代表的自由主义福利国家制度强调市场的重要性，“要么被动地保证最低限度，要么积极地补贴私人福利计划”。社团主义福利国家制度保留了阶级之间的差异，市场效率和商品化并不突出，如法国和德国。社会民主主义福利国家制度则强调国家在福利供给方面的关键作用，拥护平等主义，追求结果公平，如斯堪的纳维亚。后来，相关学者对其他国家和地区福利制度进行了分析，提出了“南欧”（Allen，2006）和“生产主义”（东亚福利模式）（Holliday，2000）两种政体类型，对上述三种福利国家和地区类型进行了补充。由此，国家-市场-家庭的制度分析框架扩展到更广泛的地理和政治背景（Stephens，2016）。

尽管福利国家制度理论并没有就住房进行详细的讨论，但在 Kemeny（2001）、Castles 和 Ferrera（1996）讨论了住房产权和其他福利之间的关系后，福利国家制度理论逐渐发展为一个综合的分析框架，广泛应用于住房研究。近年来，越来越多的住房研究者在这一框架下进行住房制度分析，将福利制度的要素与住房制度的各个方面联系起来，并对不同国家的住房体系进行比较分析，发展出“住房福利制度”的概念（Allen，2006；Hoekstra，2003；Kemeny，2001；Ronald and Doling，2010；Stamsø，2009；Venter et al.，2015）。尽管住房福利制度已经被应用于许多国家，但在中国背景下的分析仍比较匮乏（Zhou and Ronald，2017）。虽然已有研究指出住房制度在东亚国家的福利供给中具有重要地位，但中国住房制度与福利制度之间的关系有待更为深入的分析（Ronald and Kyung，2013；Wang and Murie，2011）。

不同于具有明显市场化特征的北美国家和政府干预较强的西欧国家，中国城市的住房市场发展与社会转型和住房制度改革的特殊背景密切相关。中国城市住房市场化改革极大地改变了城市居民住房获得的途径以及国家、市场和家庭在其中的作用。现有文献大多关注住房市场化改革进程中住房资源分配由国家向市场的转向。住房改革前，住房作为一种福利，由国家统一划拨建造，并以单位为单元，按照单位职工的行政级别、职称、工龄、家庭状况等因素进行分配租赁。市场在住房供应方面发挥的作用很小，体制内的家庭也分配住房（毛小平，2014）。住房改革初期，原租赁住房被以低于市场价售予在住职工，完成了住房产权由单位向家庭或个人的转移。住房改革前以及住房改革过渡时期，居民是否在体制内工作以及其行政级别对住房资源的获取起着决定作用（Logan et al.，2010）。住房改革以来，住房商品化开辟了新的住房供给渠道，市场逐渐成为居民获得住房产权的重要途径，个人在市场上的竞争能力与支付水平影响着住房结果（Yi and Huang，2014）。与此同时，国家和单位仍通过经济适用房、集资房、单位团购房、住房补贴等形式参与住房资源的分配（吴开泽，2017），在经济发达地区，国家和市场对住房选择的影响更显著（刘望保等，2010）。

家庭在住房供给体系中的作用相对被忽视。家庭及家族作为中国社会的基本单元，在住房、养老、教育、医疗、生活消费等方面承担着重要作用。父辈与子辈之间通常有着密切的经济支持、生活照料和情感交流。随着独生子女政策的实施，年轻一代的父母往往拥有更多的资产和更少的孩子，更有能力为子女提供经济支持。拥有自有产权住房已成为一种社会规范，在高房价面前，原生家庭的资源成为影响年轻一代住房机会的重要因素（Or，2018；Cui et al.，2016a）。城市中拥有本地户口的父母更可能从住房私有化过程中以低于市场价的价格获得住房产权，并在房价上涨中受益，实现住房财富累积（Sato，2006）。研究发现，拥有本地户口的父母往往更有能力帮助他们的子女获得住房产权，外来人口能获得的家庭资助往往要少于本地人口（Cui et al.，2016a）。此外，经过 40 多年的市场改革和住房改革，中国城市已形成一个较为稳定的等级体系，不同等级的城市房价差异巨大（Gong，2017）。由于住房资产已普遍成为家庭财富的最大组成部分，不同级别城市的父母累积的住房财富存在较大差异，一般来说，处于较高城市等级的父母往往有更强的经济能力帮助子女。家庭财富在城乡之间的差异使得农村的父母所能提供给子女的资源更加有限。

2.2.3 市场转型论和权力持续论

改革开放以来，中国的经济体制由计划经济转向市场经济。在此背景下，关于谁能在此转型中获益，市场转型论（market transition theory）和权力持续论（power persistence theory）分别就制度性和市场性因素之间的关系给出了不同的解释。Nee（1989）的市场转型论认为，社会主义国家进行的市场化改革改变了资源的分配方式，降低了政治权力的经济回报，提高了生产者市场能力和人力资本等的回报，从而增加了私有经济部门的收益和市场精英实现向上流动的可能性。与之相反，权力持续论则认为，市场化改革并未完全扭转再分配体制下的资源分配格局，政治权力能够继续控制和分配资源，制度性因素通过单位和个体仍然发挥着重要作用（Bian and Logan，1996；吴开泽和陈琳，2014）。此外，也有学者提出权力衍生论并以此解释中国社会阶层的分化机制，认为在我国社会主义市场经济制度的背景下，政治权力不单单对资源的控制和分配具有较强的决定作用，也表现在“放权让利”的市场改革中衍生出的政治精英的“寻租”能力，造成人们在生活机遇上的差异（刘欣，2005）。

在住房市场转型的背景下，已有研究探讨了制度性因素和市场性因素对中国城市居民住房产权分化的影响（Bian and Logan，1996；Huang，2004；Song and Xie，2014；王宁和陈胜，2013；Cui et al.，2016a）。相关研究在考虑西方已有的住房产权获得影响因素（年龄、家庭构成、教育、收入等）的基础上，重点考察了户口、单位性质等中国特有的制度性因素对住房产权获得的影响（Cui，2020）。部分研究发现，随着住房改革的实施和深化，居民的职业、教育水平、经济能力等市场性因素对住房产权获得的影响日益凸显并将成为决定性因素，福利分房时期的住房分化格局将被重塑（王宁和陈胜，2013）。同时，个体生命历程发展对住房的影响也开始显现，个人的教育生涯、家庭生涯、职业生涯进程会对住房生涯尤其是住房产权获得产生影响（刘望保等，2006；胡蓉，2012）。但同时也有学者认为，市场化转型并不能改变制度性因素对住房产权的影响（Fang et al.，2020），城市居民所在单位的规模、级别等以及个人在单位中的行政级别、职位、工龄仍对住房资源获取发挥着重要作用（Song and Xie，2014）。实证研究发现，工作单位性质持续影响着住房产权的获得，拥有再分配权力的精英在住房资源占有上具备明显优势（Fu，2016）。也有学者基于权力衍生论对住房分化机制进行分析，认为在住房市场转型过程中，再分配体制内精英的权力在市场机制的催化下产生寻租能力。一方面，住房改革初期，这些精英在福利住房私有化过程中更可能获得优质的房源，并在后期的房价上涨中完成住房资产累积，同时获得更强的经济能力以进一步投资于住房市场（黄建宏，2018a）。另一方面，他们可以利用行政资源从不同渠道获得相对优惠的住房资源和相关信息，如集资建房、经济适用房等（胡蓉，2012；蔡禾和黄建宏，2013；方长春，2014）。

2.2.4　社会分层与住房分化

古典社会学理论家对社会分层体系提供了多视角的解读，其中影响较为深刻的是马克斯·韦伯对社会分层理论的阐述。马克斯·韦伯在其著作《经济与社会》的“阶级、等级和政党”等章节中提出社会分层的三种秩序：经济秩序、法律秩序和社会秩序（马克斯·韦伯，1997）。阶级即处于相同阶级地位的人的群体，是基于经济标准的划分，也就是说，阶级是与经济收益的方式及其权力行使的程度相关的。“等级”可称为“地位群体”或“身份群体”，是基于社会标准的划分，即按照人们不同的生活方式进行的划分。等级与生活习惯带来的社会声望相关。政党即权力群体，是基于政治权力划分的（虞满华和卜晓勇，2017；李金，1993）。

在社会学研究领域，社会分层是指社会成员、社会群体在社会层次结构中因社会资源占有不同而产生的层化或差异现象，其表现在经济、政治、社会等多个维度上（周春燕，2013）。社会分层实质上反映的是社会不平等，而这种不平等通过资源的获取来体现。社会资源在不同群体间进行分配，社会资源（包括在经济资源、组织资源与文化资源等方面）占有的多少往往决定了其在社会结构中所处的阶层地位。例如，社会中的经济精英、政治精英和知识精英，相比于农民、农民工、下岗工人拥有更多的社会资本，具有更高的社会地位。现有研究中将社会分层分为客观社会分层和主观社会分层两方面。在狭义上，社会分层等同于客观社会分层，往往被认为是社会经济地位，即根据受教育程度、经济收入水平、政治权力大小、社会名望高低等划分的不同社会群体（朱人珺，2020）。主观社会分层则是个人对自身所处的社会分层进行的主观判断。

随着住房商品化的进一步发展，住房资源深刻影响着居民生活的机会，住房逐渐成为重塑阶层身份的关键因素，住房分化成为社会分层的一个重要维度和重要机制（芦恒，2014）。首先，在当前住房深度市场化的背景下，拥有住房的数量、面积、价格、区位等成为个人和家庭地位的一个表征。与此同时，个人和家庭财富的初步积累会持续影响其后续的资产积累（毛小平，2010）。其次，在当前"空间生产""空间资本化"的背景下，与住房相关联的城市福利和公共服务可获得性成为决定住房及其社会与经济价值的重要因素（Stephens et al.，2015）。因此，家庭的住房资源深刻影响着家庭成员的社会经济地位，成为社会分化的重要机制。

在关注住房分化的研究中，居民的住房产权获得一直是学者关注的热点，学者主要使用经济学和社会学理论和方法进行住房产权分异研究。经济学视角一般假定作为经济理性人的居民会在预算约束下做出实现效益最大化的产权选择，因此产权选择是一种消费决策，与家庭收入、财产和住房价格等因素密切相关（边燕杰和刘勇利，2005）。地理学、规划学和社会学等学科的相关学者则认为作为生命历程中的重要实践，住房产权选择除与住房市场和家庭收入状况有关外，还受到年龄、家庭规模变动（如结婚生子等）、居民工作变迁等因素的影响（Henderson and Ioannides，1989；Huang，2004；Wang，2000）。

随着中国住房转型过程中城市住房供应的多样化，部分研究开始关注居民住房产权类型的分化。新中国成立后，计划经济时期实行福利分房的房屋分配制度，城镇居民的住房由政府、国有企业和事业单位投资兴建；住房市场化改革后，国家废除了房屋分配制度，体制内工作者通过购买原有公房，在获得住房上具有显著优势（马忠东等，2010；何深静等，2010；方长春，2014）。伴随着住房市场化的发展，商品房逐渐成为现代城市住房的主要住房类型，体制内工作者在商品房的获得上也占据优势（Li，2000a）。大量研究结果表明，受益于中国住房市场化转型的居民在后期的住房市场中不仅可以保持体制内的优势，还可以在市场机制当中获取更多资源和能力，不同群体间的住房分化进一步加剧。

此外，保障性住房作为解决市场失灵的城市住房供应形式，也成为中国住房供应体系的重要组成部分。由于低于市场价格，保障性住房具有明显的保障性质（刘望保和闫小培，2010），但住房保障政策仍存在一定的制度性缺陷，无法完全覆盖到相应人群。这导致部分人群既没有购买商品房的能力，又不满足购买保障房的条件，从而助推了对小产权房的需求（苏勇和黄志勇，2011）。总的来说，市场和政府保障构成了当前住房的主要供给渠道。低于市场价格的房改房或福利房是再分配体制下的遗留产物，保障性自有住房（如经济适用房、集资建房等）是伴随着市场化发展而产生的保障性住房供应形式，而市场机制下的商品房成为住房供应的重要组成部分。

2.2.5　空间机会结构理论

个体的社会经济属性被其生活的客观自然环境和社会环境所塑造，这种塑造不是个体有意识地选择且往往被个体所忽视。机会结构的概念最初是由肯·罗伯茨提出的，其在调查年轻人从学校到工作的转变时发现，除了个体自身的社会经济属性外，他们成长的地方及其社会经济环境所提供的不同机会也会影响年轻人的职业（Roberts，1968）。在此基础上，Galster 等运用空间机会结构的概念来理解教育、健康、就业等方面在三个地理尺度上的变化——邻里（neighborhood）、管辖区（jurisdiction）和都市区（metropolitan region），认为地理环境在多个尺度上的变化可以通过改变他们在任何特定时间从他们的社会经济属性中获得的回报以及个体在一生中被动地和主动地获得的社会经济属性的集合影响个体的社会经济结果（Galster，2012；Galster and Sharkey，2017）。空间机会结构是造成社会不平等的决定因素，因为它既造成了个体属性的异质性，又导致个体基于其属性得到的收益存在差异，而这两者共同影响了个体社会经济的结果。空间机会结构对个体的影响主要通过以下途径：首先，空间机会结构可以影响不为人意志所改变的客观环境属性，如接触环境污染物等。其次，空间机会结构可以通过提供的信息和本地网络中的集体规范塑造个体的规范和偏好，从而影响各种相关决策，引导其进入不同的路径依赖的轨迹，造成社会经济地位的差异。最后，空间机会结构通过影响成年照料者的资源和行为，间接地影响子女所表现出的属性。例如，研究表明，父母的身心健康和所拥有的社会经济资源对儿童在多个领域的发展有着深远影响（Haveman and Wolfe，1994）。

由于机会结构的空间差异，社会不平等具有地理空间基础（Galster and Sharkey，2017）。越来越多的学者开始关注个体成长的地理环境在社会、经济、体制等方面的差异对个体的社会成就的影响，研究发现地理环境产生的影响存在于多个地理尺度上。在邻里层面，关于邻里效应的研究发现，成长、居住的邻里环境可以显著影响个体层面的结果，包括贫困（Chetty et al.，2014）、犯罪（Sampson，2019）、儿童认知能力（Sharkey and Faber，2014）和教育表现（Wei et al.，2018）。在区域层面，城市间经济发展、行政等级、教育资源和就业市场的差异影响个体能够获得的资源和机会，进而影响个体能够获得的社会经济地位和人力资本的回报（Bosquet and Overman，2019）。Bosquet 和 Overman（2019）发现，人们出生地的城市规模与他们在目的地城市的工资存在关联。Chetty 等利用社会流动数据构建了美国的机会地图集，揭示了在不同城市和社区环境下成长的孩子在收入、大学入学率、生育能力和婚姻模式等方面的差异，即儿童成长的城市和社区塑造了他们向上流动的机会（Chetty et al.，2018；Chetty and Hendren，2018）。同时，通过累积优势（或劣势）和路径依赖，那些在生命早期获得较高社会经济地位的人可以选择将自己置于一个更好的空间机会结构中，从而提高他们持续成功的概率，为后代提供更好的机会。这种效应不断累积和强化，说明空间机会结构的差异扩大了代际的不平等性。相比之下，从地理和社会经济的角度来看，出身贫寒的人更易被困在原地（Sharkey and Elwert，2011）。由此来看，空间机会结构的分异与个体的社会流动机会之间存在紧密联系。

第3章

住房生涯中的重要节点——住房产权获得

自1978年住房制度改革以来，自有产权住房逐渐成为我国城市住房体系的主要组成部分。自有产权住房在满足居住需求的同时，可以增加居民的社会交往（Rohe and Basolo，1997）、提高居民的生活质量和幸福感（Hu，2011；刘晔等，2019），还有利于住房财富的积累（Xie and Jin，2015；Wu et al.，2019a）和社会地位的提升（Chen et al.，2019）。在中国城市，住房产权与公共服务和资源的捆绑更使得自有产权住房成为一种“刚需”（Wang，2018）。《中国民生发展报告2013》显示，根据2000年的第五次全国人口普查数据，住房自有率在2000年进一步提高到72%，在2012年提高到87.4%。然而，在中国住房制度改革和房价快速上涨的背景下，城市中低收入群体、外来人口和青年群体等在获得住房产权方面的困境日益凸显（吴开泽和魏万青，2018；黄建宏，2018a；王先柱和王敏，2018）。因此，关注中国新兴住房市场中城市居民住房产权获得的影响因素对理解基于产权的住房分化机制具有重要意义。

不同社会群体之间的住房产权分化是中国住房研究的热点之一，多聚焦城市中外来人口的住房问题。但是这些研究多将外来人口视为受教育程度较低、服务于低端产业的农民工群体，忽视了流动人口内部结构的变化。具有较高专业技能、来自中小城市的人成为大城市外来人口的重要组成部分，表现出更强烈的在城市定居和购房的意向，但他们在城市中的住房产权获得过程以及其与本地人口的对比尚未得到充分研究。同时，中国各城市和地区之间在社会经济、住房市场和政策制度等方面存在明显的空间差异，在一定程度上凸显了从空间不平等的视角解析住房分化的重要意义。从流出地看，空间机会结构以及出生地效应（birthplace effect）指出个人成长的环境在社会经济发展、劳动力市场、基础设施等方面的差异决定着个体可获得的教育、工作等资源，对个人的认知能力、社会和经济资本的积累具有显著影响（Galster and Sharkey，2017）。来自不同地区、具有不同社会经济属性的流动人口在流入地的住房也会存在明显分化（段成荣和马学阳，2011；Hao and Tang，2018；刘涛等，2020）。

在已有中国住房产权获得研究的基础上，本章试图从以下三个方面进行分析：①城市中高技能外来人口与本地人口之间住房产权的分化以及获得机制的异同；②城市居民住房产权获得的世代差异；③地理差异如何影响城市居民的住房产权分化。这将有利于深化理解中国居民住房行为和住房不平等现象。

3.1 住房产权获得的文献综述

3.1.1 生命历程视角下的住房产权获得

从租赁住房到获得住房产权作为个体和家庭生命历程中的重要事件（Huang，2004），受到微观层面个体和家庭的境况以及宏观层面社会经济环境因素的共同影响（Clark et al.，1994）。学界普遍认为，家庭生涯中的重要事件（如结婚和生子）会触发住房产权向自有的过渡（Deurloo et al.，1994）。拥有自有住房往往被认为是婚姻的经济基础和先决条件（Holland，2012）。同时，通过婚姻可以汇集夫妻双方的经济资源，从而增强购置房屋的经济能力（Kendig，1984）。此外，预期第一个孩子的出生会增加自有住房需求，从而提高年轻夫妇购房的可能性

（Feijten and Mulder，2002）。但当夫妻成为父母后，由于现实或经济原因，其购置住房的计划可能会被搁置（Smits and Mulder，2008）。

能否获得住房产权在较大程度上取决于资源的可得性，包括当前的收入、储蓄金额以及潜在的经济能力（Mulder and Wagner，1998），而资源的可得性在较大程度上取决于个体的社会经济属性，如受教育程度和职业生涯发展（Nielsen and Jensen，2011）。有研究表明，在不同的职业和社会阶层中，住房自有率存在显著差异（Bernardi and Poggio，2004；Cabré Pla and Cabrerizo，2004）。此外，随着住房可支付性在全球范围内的下降，原生家庭可提供的社会经济资源逐渐成为青年群体住房产权获得的重要影响因素。实证研究表明，不管是在以家庭支持作为社会规范的国家和地区（如南欧）（Poggio，2008），还是在以个人主义为特征的国家和地区（如美国和荷兰）（Mayer and Engelhardt，1996；Helderman and Mulder，2007），财富的代际传递对年轻人获得住房产权变得越来越重要（Mulder and Smits，2013）。

在宏观层面，购置房屋的决定和购买时机受到住房和金融市场的影响，包括住房价格、通货膨胀、利率和抵押贷款市场的借贷限制等（Clark et al.，1994）。在日本，20 世纪 80～90 年代中期住房价格上涨，住房自有率下降，但在 1995 年房地产泡沫破裂后住房自有率再次开始上升；而在美国，住房自有率则与住房价格同步上升（Muraki，2009）。住房价格的快速上涨可能伴随着两个截然不同的过程：一是住房自有率降低，这是因为高房价在较大程度上阻碍了低收入家庭和青年家庭进入住房市场；二是住房自有率上涨，这是因为房价持续上涨的预期鼓励人们更加活跃地进入住房市场（Elliott and Wadley，2013）。此外，抵押贷款及其他融资手段对购置住房也很重要，住房抵押贷款的可得性极大地提高了青年家庭获得自有住房的可能性（Angelini et al.，2013）。当然，抵押所需的首付比例因国家/地区而异，这使得金融工具对住房产权获得的影响在不同国家/地区不尽相同。

在国家和市场双重力量相互作用的中国住房市场中，影响个体和家庭住房产权获得的因素比西方国家更加复杂。虽然生命历程因素（如年龄、家庭构成、收入）对住房权属选择有着重要影响（刘望保和闫小培，2010），但户口、单位性质、政治面貌等制度性因素的影响也不容忽视（Logan et al.，2010；陈宏胜和李志刚，2014）。黄友琴等学者研究发现，个体和家庭的住房权属选择除了与家庭、住房市场的特征紧密相关，还受到政府和工作单位性质的显著影响（Huang and Clark，2002）。李思名等学者基于广州的实证研究发现，个体年龄的增长、受教育程度的提高能够提高住房权属由租赁向自有转换的概率；婚姻状态的变化也能增加住房权属转变的概率；同时，工作单位等体制内因素对住房权属转换的影响依旧存在，国有企业职工获得自有住房的概率相对较高（Li，2000b；Li and Li，2006）。

3.1.2 群体异质性与住房产权分化

城市外来人口的住房问题是中国住房研究的焦点。以往针对农村外来人口的大量实证研究发现，由于不具备本地户籍，农村外来人口往往无法享受城市提供的公共服务和福利保障，包括住房保障；相较于本地人口，他们的住房质量差、迁移频率高、住房自有率低（He et al.，2010；Wu，2004a；Wu，2006；张路等，2016）。自 2010 年以来，在全国大中城市先后出台的住房限购政策直接限制了非本地户籍家庭的购房资格，大大影响了农村外来人口的住房生涯进程（张路等，2016）。但随着户籍制度改革和城市化的快速推进，流动人口结构发生了明显的变化（段成荣等，2019；马小红等，2014；刘于琪等，2014）。随着中国城市产业转型及高等教育的普及，具有较高专业技能、来自中小城市的人口渐渐成为大城市外来人口的重要组成部分（李志刚，2012；Liu and Shen，2014）。其中，高技能外来人口，即拥有本科及以上学历并从事白领工作的人，在城市经济发展和塑造城市居住空间方面发挥着越来越重要的作用。与传统的农村外来人口相比，高技能外来人口在学业成就和就业等方面更接近甚至高于本地城市居民，并表现出强烈的在流入城市定居的意向，常以在城市购房、成为“新市民”为目标（Wang et al.，2017；Wu et al.，2019b）。

此外，从结构主义的角度来看，住房部门的制度变革可以改变个体住房产权获得在住房体系中面临的机会和约束，这使得不同世代在住房产权获得上有明显的差异（Myers et al.，2020；Öst，2012；Sánchez，2018）。2019 年美国的数据显示，购房者的平均年龄从 1981 年的 31 岁提高到 2019 年的 47 岁，购房者中位数年龄也增加到创纪录的 33 岁（National Association of Realtors，2019）。2020

年英国住房调查显示，首次购房者的平均年龄有所上升，从 2007 年的 31 岁升至 2017 的 33 岁（Ministry of Housing，Communities and Local Government，2020）。在中国，从计划经济向社会主义市场经济过渡的过程中，住房市场的逐步建立和住房供求关系的重新调整导致不同世代面临的住房机会和住房市场环境具有较大差异，也造成其在首套住房产权获得路径上显著不同。出生于 20 世纪 60 年代和 70 年代的人通常在其住房生涯早期居住在国家或单位提供的租赁住房内，之后随着住房私有化的推进，大多在中年获得首套自有产权住房（Ho and Kwong，2002）。尽管中国城市住房价格在过去 10 年翻了 1 倍甚至 3 倍，但首套住房购买者却随着时间的推移趋于年轻化。根据汇丰银行 2017 年的报告（HSBC，2017），中国 70% 的千禧一代在 20 多岁和 30 多岁时已经成为房主。一方面，在我国住房和婚姻联系紧密，拥有自有住房被认为是结婚的先决条件（Cheung et al.，2020；Fang and Tian，2018）；另一方面，在住房私有化和随后的房价上涨过程中积累大量财富的父母更有意愿和能力为青年子女提供资金支持（尤其是在独生子女家庭中），以分担子女的购房压力（Xie and Jin，2015）。尤其在当前住房深度市场化的背景下，年轻人既无法从国家、单位获得福利住房（Zhou and Logan，1996），也尚未通过市场累积足够的财富承担高昂的房价，面对住房刚性需求，更多依靠原生家庭来提供购房的资源（吴开泽和陈琳，2014）。

3.1.3　地理出身与住房产权分化

个人成长的客观地理环境在社会、经济、体制等方面的差异会对个体社会经济属性和实现社会成就产生影响（Cui et al.，2021）。Roberts（1968）提出了机会结构的概念，强调个人成长的地方及其社会经济环境提供的不同机会影响了年轻人的职业。Galster 和 Sharkey（2017）运用空间机会结构的概念来理解教育、健康、就业等方面在邻里、管辖区和都市区三个不同地理尺度上的变化。Bosquet 和 Overman（2019）指出，空间机会结构主要通过以下两种机制对个体产生影响：一种是空间机会结构可以通过提供的信息和本地网络中的集体规范塑造个体的规范和偏好，从而影响各种相关决策，引导其进入不同的路径依赖的轨迹，造成获得社会经济地位的差异；另一种是空间机会结构通过影响成年照料者的资源和行为，间接地影响子女所表现出的属性。空间机会结构强调了出生地或来源地对个人积累社会经济资本中发挥的重要作用，这为揭示来自不同来源地人口的住房分异提供了一个新的理论视角。

中国经历了快速但不平衡的发展，不仅表现在东部、中部、西部三大地带之间，城乡之间、城市之间和省份之间同样存在明显差异。长期的城乡二元结构造成了城乡在基础设施投入、政治经济资源分配等各方面呈现出等级性的社会差别。与来自非农村地区的外来人口相比，来自农村地区的外来人口的社会经济地位普遍较低，在流入地住房产权获得上存在明显劣势（Huang and Tao，2015）。与西方国家不同，中国区域的不均衡发展受到行政层级和市场力量的共同影响。中国的区域管理建立在明确的行政层级基础之上，因此在资源配置和制度安排上存在显著的行政层级。行政层级较高的城市在资源配置和制度安排上具有更大的优势，甚至可以从行政层级较低的城市攫取财政资源（黄燕芬和张超，2018）。此外，市场力量也带来地区间经济发展水平的差异。中国东部、中部和西部地区城市的经济发展水平存在较大差异，这使得中国城市形成了一种层级结构，即一线城市、二线城市等。行政层级和级别越高的城市或区域拥有更多的政治经济资源，能够获得更多的税收优惠和公共服务设施建设投入（申沁，2011），这又使得不同行政层级和级别的城市或区域之间在社会经济发展上形成明显差距。

基于对空间机会结构和出生地效应的理解，城市间在社会经济等方面的差异在一定程度上可转化为个体间的社会分化。就住房而言，来源地之间在行政层级上的差异和社会经济发展的不平衡导致个体享有的公共服务、社会福利、发展机会等方面存在明显差异，会直接或间接地影响人们的住房结果（Cui et al.，2021）。由于外来人口通常流向发展更好的地区，以追求更好的发展机会和生活条件（段成荣等，2019），在行政级别较高的城市或发达地区的住房市场中，来自较低级别城市和欠发达地区的外来人口与本地人口相比处于不利地位（Cui et al.，2020）。

住房财富累积的空间不平等在代际进行传递。先前研究通常认为父母的住房是代际住房支持的一个重要指标，因为拥有自有住房的父母更可能有较高的社会经济地位和更多的储蓄与财富积累，更愿意且更有能力帮助孩子进入住房市场。然而，荷兰最近的一项研究表明，住房财富在空间上是不平等的，住房价值（house-value）的增长越来越集中在一些主要城市（Arundel and Hochstenbach，

2020）。因此，父母在何处有住房，对其住房财富积累至关重要，在一定程度上影响他们为子女提供住房支持的多寡。在中国，住房市场化表现出明显的区域差异，与地区的市场化程度、经济社会发展水平密切相关。总体来看，东部地区的住房市场化程度最高，而中西部地区的住房市场化程度相对较低。住房市场化的不平衡加剧了空间分化，其中住房价值增幅最大的区域集中在发达地区，这表明不同行政层级的城市之间以及不同地区之间的住房资产积累存在显著差异。

3.2　住房市场转型背景下中国城市居民住房产权获得

3.2.1　研究设计

现有研究较少将中国住房市场特征与生命历程理论相结合，较少关注高技能外来人口与本地人口的住房产权获得分化。基于现有文献，我们假设在中国背景下，生命历程因素对住房产权获得具有显著影响。具体而言，家庭生涯中的重大事件（如同居/结婚和子女出生）可能会触发住房产权向自有的过渡。在教育生涯中，受教育程度是人力资本的重要表征，反映出个体在住房市场中的竞争能力，也会影响进入住房市场的时间。个体的职业生涯可以通过收入更直接地影响其住房产权的获得；住房公积金，即个体在其职业生涯中获得的福利形式的财政资源，在获得住房产权方面同样起着重要作用。随着中国住房市场的发展，市场性因素在住房产权获得中发挥着越来越重要的影响。房价能够反映当地住房市场状况，会影响个人和家庭购房的决定。与此同时，商品房已成为住房市场上的主要供应类型，传统的制度性因素（如户口、政治面貌、单位性质）对个体的购房行为产生的影响可能减弱。以高技能外来人口为例，虽然他们可能具有较强的赚钱能力，但他们缺乏初始资金和资源，而本地人口可能会继承较多财富，使他们能够更早地获得住房产权。因此，本节假设高技能外来人口与本地人口之间的住房产权存在差异，并以南京为例探究影响因素。

本节研究使用的数据来自 2013 年南京市高技能人口住房调查。该调查收集了个人基本信息以及获得最高学历后家庭结构变化、迁移史、职业生涯和住房生涯的相关信息。该调查采用多阶段整群抽样与滚雪球抽样相结合的方法，主要抽样单位是技术劳动密集型企业/机构，通过受访者的校友网络或人际关系将调查扩散到其他技术劳动密集型的企业/机构。调查共涉及 200 多家企业/机构，包括健康、科研、金融、教育、信息技术、文化、建筑、电信和制造在内的多个行业。在每个企业/机构中，选择受访者时均考虑了性别的平衡和原户籍地的多样性。最终得到的有限样本为 804 名，其中 175 名南京本地人口，330 名来自江苏省内的外来人口，以及 299 名来自江苏省外的外来人口。

表 3-1 显示本节调查群体的特征。高技能人口平均年龄不超过 30 岁。与经典迁移理论相一致，男性在外来人口中占主导地位。以接受教育的时长测度受教育程度（16 年的教育相当于本科水平）。与本地人口相比，高技能外来人口的受教育程度更高。南京作为全国重要的科研教育基地，截至 2015 年 10 月 13 日，拥有 25 所大学和 17 所大专院校，超过 60%的本地人口和省内高技能外来人口在南京获得最高学历，36.12%的省外高技能外来人口毕业于南京的高校。社会关系网络更广泛以及对本地劳动力和住房市场更熟悉使本地毕业生比非本地毕业生更具优势。外来人口尤其是省外高技能外来人口的家庭规模，比本地人口的家庭规模小，并且生养子女的数量更少，这意味着他们在结婚和生子方面晚于本地人口。与预期一致，大多数高技能外来人口来自城市，且在接受访问时，大多数外来人口已获得南京本地的城镇户口，这表明他们有能力克服户口制度障碍。除了收入以外，是否拥有汽车也可以反映收入高低以及财务状况是否稳定等情况，结果表明，本地人口的收入更高、财务状况更稳定。平均而言，16%的外来人口不确定是否会在南京定居，尽管该比例不大，但与本地人口相比却有所不同，且外来人口在南京居住的不确定性可能与他们对南京作为居住地的较低评价有关。

表 3-1　样本的基本特征

属性	本地人口（N=175）	省内外来人口（N=330）	省外外来人口（N=299）
平均年龄/岁	29.35	28.95	28.60
性别比（男性/女性）	0.966	1.357	1.282
受教育程度（平均受教育年数/年）	16.50	16.63	17.69
毕业于南京高校比例/%	64	62.73	36.12

续表

属性	本地人口（N=175）	省内外来人口（N=330）	省外外来人口（N=299）
家庭规模/人	2.70	2.08	1.88
生育状况（育有子女占比/%）	40.57	30.61	20.74
家庭年收入[a]/10 万元	1.122	1.051	0.968
出生时户口（城镇户口占比/%）	75.43	54.55	55.52
持有南京城镇户口占比/%	76	61.21	72.24
汽车拥有率[b]/%	41.07	28.13	30.97
不确定是否定居南京占比/%	4.57	14.24	18.39
对南京的评价[c]（区间：–2～2）	0.68	0.43	0.55
在南京的住房生涯时间/年	7.67	6.69	5.55
第一个居所为自有占比/%	33.14	13.94	11.37
现居所为自有占比/%	54.86	41.21	33.11
购房时获得家庭支持占比/%	71.88	69.12	63.64
家庭支持占房屋总价比例/%	51.98	32.35	26.45
贷款购房占比/%	37.50	71.32	75.76

注：a 回答家庭年收入的受访者共有 699 名。

b 回答汽车拥有情况的受访者共有 297 名。

c 评价值为四个问题的平均得分，四个问题分别是：①总体而言南京是一个宜居城市吗？②南京有好的工作机会吗？③你能否找到称心的住所？④南京是一个适合组建家庭的城市吗？

为了探究高技能外来人口和本地人口的住房产权分化的影响因素，本节研究采用事件史分析法。事件史分析（event history analysis）是生命历程理论研究的重要方法，广泛应用于探究社会科学领域事件发生（如工作变动、婚姻、移民）背后的因果机制（Allison，2014）。由于生命状态往往是持续一段时间的，并且随着某一生命事件的发生从一个状态转换到另一个状态，所以事件史分析对应的因变量是一个包含删节或截除数据的事件时间变量，即因变量同时包含了持续时间与事件发生的特征。因此，考察因变量时，依然如分类数据形式一样表现为概率，即包含“发生与否、何时发生”共性的概率。事件史分析的优点在于能够正确处理删失数据，并将其纳入随时间变化的协变量。

作为事件史分析的关键，时间可以被视为连续的或离散的，对应两种分析方法：比例风险回归模型（proportional hazards model）和离散时间逻辑斯蒂模型

（discrete-time logistic model）。对于用离散年份记录的事件，将数据集转换为个人年份格式之后，按照标准的逻辑斯蒂回归来进行离散时间逻辑斯蒂回归。本节研究最终得到 3317 个个人年份。逻辑斯蒂模型说明如下：

$$\ln\left(\frac{P_{it}}{1-P_{it}}\right)=\alpha(t)+\beta_j X_j(t) \tag{3-1}$$

其中，P_{it}表示个体 i 在时间 t 转换为自有住房的概率。以往研究通常根据调研时户口所在地判断个体是否为外来人口，但考虑到户口可能随着时间推移而变化，如外来人口将户口迁入目的地城市，我们以研究对象的“家乡”（即长大的地方）来区分本地人口和外来人口。此外，由于省际迁移属于远距离迁移并需要花费较高的成本，社会福利和住房贷款等政策对省内和省外外来人口有所不同，且省外外来人口与省内外来人口的特征可能存在差异（Poncet，2006），因此，我们对省内和省外外来人口进行了划分。根据文献综述，用于解释首次购房时间的变量包括家乡虚拟变量，人口统计学因素，从教育、家庭和职业生涯的回顾历史中得出的变量以及制度性因素。一些自变量是静态的（如家乡、性别、受教育程度），其他大多数变量是随时间变化的。家庭年收入和在南京的居住意愿这两个变量仅在访谈时进行测量，这是因为它们很难进行追溯测量。除了个人层面的变量外，模型还包括表示住房承受能力、可能会影响个人是否决定购买房屋的时变房价。每年的房价数据来源于国家统计局的网站。

3.2.2　城市居民住房产权获得的差异

外来人口的住房自有率明显低于本地人口，特别是首次住房经历即为自有住房的比率（表 3-1）。约 1/3 的本地人口在其住房生涯的起始阶段成为房主。但在接受采访时，外来人口的住房自有率已经大大提高，并赶上了本地居民。图 3-1～图 3-3 显示了本地人口和外来人口之间在住房产权获得方面的差距，包括家庭类型、购房资金来源、家庭年收入和首套居所购置时间。

就家庭类型来看，已经获得住房产权的家庭以核心家庭为主[图 3-1（a）]。与西方国家相比，成年子女与父母同住的现象在中国更为普遍。外来人口的父母与成年子女住在一起通常是为了照顾孙辈，因此有子女的外来人口的家庭规模往往更大。尽管首套住房产权获得常常与结婚同步，但处于与伴侣同居甚至单身状态的群体均有购房趋势（Smits and Mulder，2008）。此外，10%的男性在婚前已成为房主，但单身女性中成为房主的比例较小，这也间接反映出中国社会中男性对提供住房承担更大的责任，甚至需在结婚前获得住房所有权。

就购房资金来源来看，家庭支持是本地人口和外来人口的重要经济来源，但是家庭支持数额在本地人口和外来人口之间存在显著差异。平均而言，本地人口的家庭支持资金占房屋总价的 51.98%，省内和省外外来人口的家庭资助额占比则要小得多[图 3-1（b）]。随着房价的上涨以及住房贷款可获得性增加，许多人借助贷款购买住房。不同于 Li 和 Yi（2007a）早期的发现，在我们的分析中，抵押贷款在获得住房产权方面起着重要作用，特别是对于外来人口来说，其中 70%以上需要借助抵押贷款购房。图 3-1（b）显示了在本地人口和外来人口成为房主时，家庭支持和抵押贷款不同的占比组合。超过 38%的本地人口以遗产或礼物馈赠的形式从父母手中获得自有住房，这可能是由于本地人口的父母更可能在住房改革初期通过购买远低于市场价的单位房，并在后来的房价上涨中积累大量财富，因此有能力购买第二套住房作为投资或赠予子女。然而外来人口最常见的住房筹资手段是将家庭支持和抵押贷款结合起来。现实中，外来人口的父母为其支付抵押贷款的首付（通常是全价的 30%）的现象比较普遍。

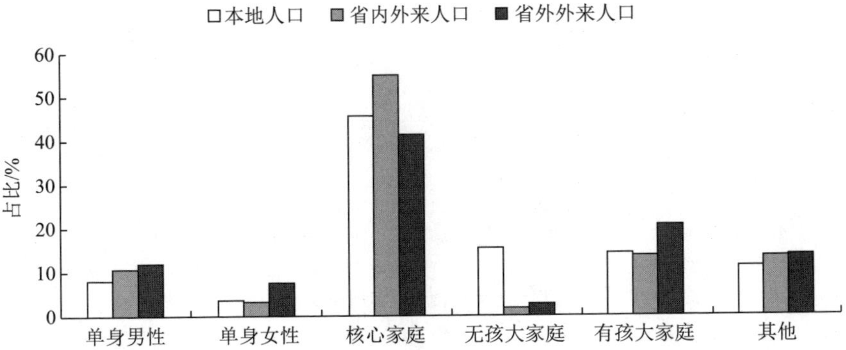

(a) 家庭类型

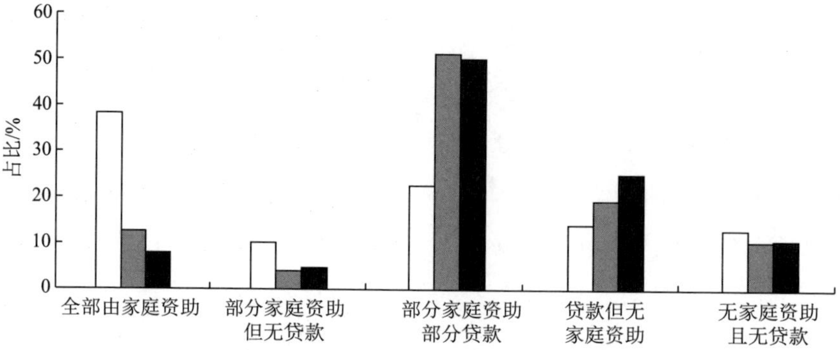

(b) 购房资金来源

图 3-1　住房产权所有者的家庭类型和首套居所购置资金来源

与以往的研究结论一致，家庭收入与拥有住房的意愿有关（Mulder and Wagner，1998）。整体上本地人口和外来人口的住房自有率伴随着家庭年收入的增加而提高（图 3-2）。对于收入较低的家庭，本地人口中房主占比明显高于外来人口。这表明在低收入家庭中，本地人口比外来人口更有可能获得住房产权，如上文的分析所示，家庭支持是本地人口拥有较高住房自有率的重要因素。

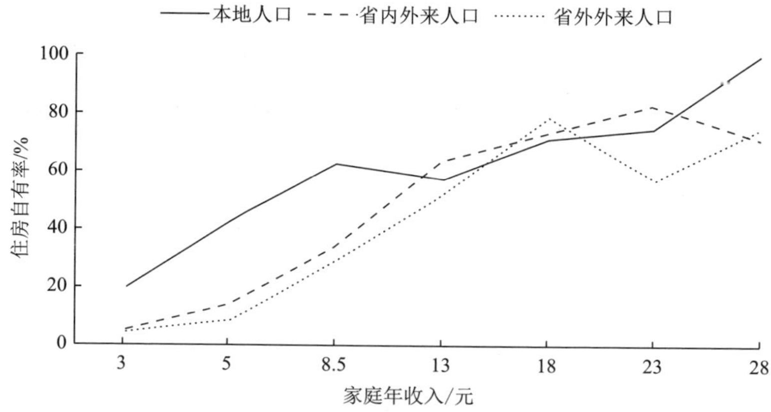

图 3-2　家庭年收入与住房自有率

注：收入包括工资、奖金、补贴、津贴、节假日奖金等，原调查数据区间为<3 万元、3 万～6 万元、7 万～10 万元、11 万～15 万元、16 万～20 万元、21 万～25 万元、26 万～30 万元、31 万～40 万元、41 万～50 万元，图中横轴采用了区间的中值进行表达

Kaplan-Meier 生存曲线估计了高技能外来人口在生命历程中获得住房产权的百分比[图 3-3（a）]。尽管住房产权的获得基本都发生在年轻时，但本地

人口和外来人口之间仍然存在着明显差异。本地人口最有可能在近 30 岁时获得首套住房，而外来人口则最有可能在 30 岁后开始拥有住房，并且前者的可能性高于后者。确定首次购房时间的另一种方法是将其与第一个孩子的出生时间进行比较[图 3-3（b）]。在许多情况下，父母一般会在第一个孩子出生前成为房主（Feijten and Mulder，2002）。我们的分析也表明，住房自有率的峰值出现在子女出生前一年。一旦一对夫妇成为父母，向房主过渡的可能性大大降低。但必须注意的是，图中的峰值也可能是受到其他事件的影响而导致的，如在有第一个孩子之前同居或结婚。

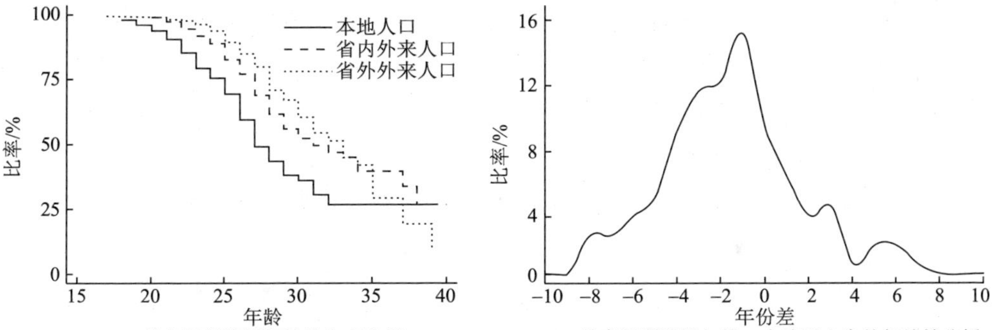

(a) 首套居所购置年龄的生存分析　(b) 首套居所购置与第一个孩子出生的年份差分析

图 3-3　首套居所购置时间

3.2.3　城市居民住房产权获得存在差异的影响因素分析

为了调查生命历程轨迹在多大程度上影响获得住房产权的时间，我们进行了定量分析（表 3-2）。模型 0 仅包括家乡虚拟变量，以显示各组获得住房产权的可能性，为控制其他自变量的模型提供基准。与描述性分析一致，基本模型的结果表明，省内和省外外来人口成为房主的可能性大大低于本地人口。

表 3-2　离散时间逻辑斯蒂模型结果

自变量	模型 0	模型 1	模型 2	模型 3
家乡（参照组：南京本地）				
江苏省其他地区	–0.549***	–0.485**	–0.103	0.074
其他省（自治区、直辖市）	–0.621***	–0.447*	–0.185	–0.472

续表

自变量	模型 0	模型 1	模型 2	模型 3
人口特征				
性别（参照组：女性）				
男性		–0.176	–0.133	–0.059
年龄		–0.005	–0.090***	–0.073**
留在南京的意愿		0.375**	0.343**	0.265*
教育生涯				
受教育程度（单位：年）		0.056	0.090	0.089
本地毕业		0.216	0.246	1.201***
本地毕业×家乡（参照组：本地毕业×南京本地）				
本地毕业×江苏省其他地区				–0.953*
本地毕业×其他省（自治区、直辖市）				–1.636**
家庭生涯				
第一个孩子出生		0.766*		
第一个孩子出生前一年		1.043***		
第一个孩子出生前两年		0.618*		
家庭规模			0.866***	0.908***
孩子出生			0.007	0.069
同居/结婚			2.550***	2.585***
家庭规模扩大			2.763***	2.856***
家庭规模减小			3.322***	3.426***
职业生涯				
家庭年收入（单位：10 万元）		0.442***	0.532***	0.646***
工作单元类型（参照组：政府、单位与国有企业）				
外商投资企业/合资企业/私有企业		0.082	–0.050	–0.090
其他		0.474	0.437	0.414
住房公积金（单位：100 元/月）		0.008	0.025	–0.089*
住房公积金×家乡（参照组：住房公积金×南京本地）				
住房公积金×江苏省其他地区				0.078
住房公积金×其他省（自治区、直辖市）				0.213***
制度性因素				
出生户口为城镇（参照组：农村）		0.462**	0.400*	0.398*
政治面貌（是党员，参照组：非党员）		–0.050	–0.144	–0.108

续表

自变量	模型 0	模型 1	模型 2	模型 3
住房市场因素				
房价（单位：1000 元/米²）		−0.000	−0.051	-0.063^{*}
常数项	1.742^{***}	-4.809^{***}	-5.278^{***}	-5.657^{***}
样本量	3317	2343	3317	3317
Log likelihood	−1078.030	−821.659	−755.709	−735.156
Wald chi^2	15.15	105.03	330.06	348.12
Pseudo R^2	0.0089	0.0674	0.3052	0.3241

* $p < 0.10$，** $p < 0.05$，*** $p < 0.01$。

模型 1 和模型 2 分别加入不同的变量来反映家庭事件的影响。模型 1 考察了第一个孩子出生所产生的影响。结果与图 3-3（b）所示一致，首个子女出生前一年购房可能性最高，并且也有可能在首个子女出生的前两年或同年获得自有产权住房。为了区分同居/结婚与首个子女出生对首次获得住房产权的影响，在模型 2 中使用了表征家庭规模及其变动的一系列变量。家庭规模随时间变化，因此记录了每年的家庭人数。此外，本节确定了四种不同的家庭事件：孩子出生、同居/结婚、家庭规模扩大和家庭规模减小。模型 2 的结果表明，家庭规模越大越有可能获得自有住房。考虑了所有家庭事件对住房产权获得的影响之后，子女出生产生的影响不再显著，说明同居/结婚而非首个子女出生会触发向自有住房的过渡。模型 2 中控制了家庭规模、同居/结婚和其他家庭规模变化之后，本地人口、省内外来人口和省外外来人口之间不再存在任何显著差异。与描述性分析相一致，外来人口在结婚方面晚于本地人口，因此结婚时间的推迟可能是外来人口较晚获得住房产权的原因。

模型 1 和模型 2 的结果显示，受访者的性别与获得住房产权并无显著联系，原因可能是住房消费的决定通常是家庭成员共同做出的，受访者回答的是整个家庭的住房产权状况。住房产权需要长期的经济保障并限制了居民的进一步流动，因此，主要是有意愿在南京定居的人在本地获得自有住房，但也有可能存在反向因果关系，即拥有自有住房也将增强外来人口留在南京的意愿。受教育程度并没有对住房产权获得产生显著影响，这可能是由于高技能劳动力的受教育程度差异很小。家庭收入是影响住房产权获得可能性的重要变量，而单位性质的影响则很小，这意味着以往再分配体制下制度性因素的影响正在逐渐减弱。出生时的户口变量，即受访者最初来自农村还是城市，可以作为家庭经济支持的替代变量。由于城乡之间存在巨大的收入差距，来自城市的人获得家庭支持的可能性更高，其在住房市场的竞争能力因此也更强。此外，政治面貌对住房产权获得不再产生显著影响。

考虑到人口、教育、家庭、工作和制度性因素对本地人口、省内和省外外来人口产生的不同影响，在此进一步考察了这些变量与家乡虚拟变量之间的交互作用。在模型 3 中仅展示两个显著的交互项，因为其他变量的交互分析并无显著意义。结果显示，在南京高校毕业的本地人口获得住房产权的概率要高于非南京高校毕业的本地人口；毕业于南京高校对省内外来人口获得住房产权有正向影响，但与省外外来人口获得住房的可能性呈负相关。住房公积金对本地人口和省内外来人口的影响不大，但对省外外来人口起到了积极作用。对于没有足够家庭支持，需要依靠自己购房的外来人口，尤其是省外外来人口来说，住房公积金的作用更加重要。拥有的住房公积金越多，就越有可能获得住房产权，因为住房公积金可以直接作为购房资金来源之一，而且依靠住房公积金可以获得抵押贷款减免的资格。在模型中引入交互项后，房价的系数显著为负，这表明房价较高对购买首套房存在抑制作用。

3.3 城市居民首套住房产权获得的世代差异

3.3.1 研究设计

中国背景下的住房研究已关注到住房市场化改革进程中不同世代群体面临的住房机会和约束的差异（Cui et al.，2020；Li and Yi，2007b），但很少研究分析住房体系的结构变化是否导致购房时间的世代差异。为回答这个问题，本节研究使用 2018 年上海市居民住房和生活空间调查数据。

2018 年上海市居民住房和生活空间调查数据以上海市建成区常住人口为主体。调查范围以上海市中心城区为主，近郊建成区为辅。抽样方法是以区分层，对街道/乡镇、居委会、小区、家庭（户主或户主配偶）四阶段抽样。首先，基于上海各区域内的街道总数，采用分层、多级的复杂概率抽样以确定每个地区选择的分区数量。然后，按每个区的人口总数对分区进行排名，从每个区随机选出 2～4 个街道，作为主要抽样单位。在每个选定的街道中随机选择 1～2 个社区，从中随机挑选大约 35 户 18～60 岁并在社区居住 6 个月以上的户主（或其配偶）进行面谈。针对户数不足 400 户的小区，随机增加一个邻近小区，实地考察，并根据门牌号列表在每个小区随机抽选 20 个有效样本进行调查。需要注意的是，由于调查是以住户为基础的，只涉及正规社区，因此难以联系到大量居住在非正规住房（如工厂宿舍和城市村庄）的外来人口。

这项调查使用了回溯性的方式，以获取有关受访者首次获得自有住房的信息。受访者需要提供基本信息并回答他们的生活史，包括家庭、工作和居住环境的信息，原生家庭的信息，如父母的经济状况和父母的房屋所有权（当受访者 14 岁时）以及兄弟姐妹的数量。本次调查回收问卷 1127 份，其中有效问卷为 1052 份。

在剔除问卷中信息无效或不完整的样本后，本节研究最终使用 950 个样本进行分析。根据受访者的出生队列，以 10 年为跨度，我们将受访者分为 4 组，分别定义为“60 后”、“70 后”、“80 后”和“90 后”，分别由 20 世纪 60 年代、70 年代、80 年代和 90 年代出生的人组成。表 3-3 显示了每个世代群体的受访者样本特征。由于不同出生队列的人处于不同的生活阶段，因此其在家庭形成方面有所不同。相比其他出生队列，年轻群体中已婚且有子女的比例要小得多，外来人口和受教育比例则要高得多，年龄较大的群体在公有部门就业和政治面貌为党员的所占比例较高。受访者平均住房自有率为 67.47%，这与《上海市社会发展年报（2019）》所报告的比例相近。在父母背景方面，从“60 后”到“90 后”，其父母拥有住房的比例显著增加。由于我国于 80 年代初期开始实行计划生育政策，年轻群体中的大多数是其家庭的独生子女。

表 3-3　首套住房产权获得研究的样本特征

属性	“60 后”	“70 后”	“80 后”	“90 后”	所有样本
性别（男性）占比/%	62	36	41	53	45
婚姻（已婚）占比/%	98	97	79	22	82
生育状况（育有子女）占比/%	97	93	64	16	74
出生时的户口（本地）占比/%	85	72	66	48	70
受教育程度占比/%					
初中及以下	18	14	8	8	12
高中	47	25	10	19	24
大专	27	34	24	21	28
本科及以上	8	27	58	52	36
工作单位类型占比/%					
公有部门	50	38	27	29	36
政治面貌（党员）占比/%	15	11	14	10	13
住房状况（拥有自有住房）占比/%	77	76	64	38	67
父母住房状况（拥有自有住房）占比/%	49	67	84	90	72
家庭结构（一个孩子）占比/%	18	40	75	69	51
样本量	207	300	325	118	950

本节研究使用与上节相同的事件史分析法来调查住房使用权选择如何与四个出生队列中的个体相关联，在将数据集转换为个人年份格式后，采用离散时间逻辑斯蒂模型。对于本地人口来说，观察期从 16 岁开始；对于外来人口来说，第一个个人年份是指个人在 16 岁之后在上海开始其住房生涯的年份。由于关注的首次购房是不可重复的，住房产权获得时间后的所有个人年份观测值均排除在分析之外。最终总共观测到 13 319 个个人年份。模型说明如下：

$$\ln\left(\frac{P_{it}}{1-P_{it}}\right)=\alpha(t)+\beta_1 C_i+\beta_2 H_{it}+\beta_3 P_i+\beta_4 X_{it} \tag{3-2}$$

其中，P_{it} 是指受访者 i 在时间 t 获得第一套房产的概率，P_{it}/（$1-P_{it}$）是成为房主发生与不发生的概率比值。C_i 指受访者 i 归属的出生队列。H_{it} 表示受访者 i 在时

间 t 是否已婚或育有第一个孩子。P_i 表示父母的背景，主要是指受访者 14 岁时父母的经济状况和住房产权状况。X_{it} 代表其他社会经济变量，包括户口属性、受教育程度、单位性质和政治面貌。

在此模型中有些自变量的值会在观察期内随时间发生变化，如婚姻状况、生育第一个孩子、户口属性、工作状况和单位性质。有些变量不随时间变化，包括出生队列、父母经济状况、父母住房产权状况、家庭结构、受教育程度和政治面貌。其中，父母经济状况是指受访者 14 岁时父母在出生地的经济状况，回答有“高收入”“中上收入”“中等收入”“中下收入”“低收入”。为了便于分析，我们将父母的经济状况分为“低”“中下—中等”“中上—高”。父母持有自有住房是指受访者 14 岁时父母在出生地的自有住房状况。受访者的原生家庭结构分为四类，分别是多孩子家庭中的女性（参照组）、多孩子家庭中的男性、一个孩子家庭中的女性和一个孩子家庭中的男性；单位性质主要关注受访者是否在公有部门工作。模型中所有自变量的方差膨胀因子（VIF）值均小于 3，没有多重共线性问题。

3.3.2　首次住房产权获得时间的世代差异

图 3-4 表明，不同世代首次获得住房产权的时间有明显差异。图 3-4（a）和（b）分别显示了个人首次获得住房产权的年份和年龄。在大规模住房私有化的背景之下，“60 后”的大多数人在 1994～2000 年获得住房产权；“70 后”的大多数人在 1998～2010 年获得住房产权，他们利用 20 世纪 90 年代后期公房私有化的机会，在 2000 年后继续获得住房产权（可能通过市场）。“80 后”群体在开始进入住房市场时面临着市场化的住房体系，他们大多在 2005～2016 年获得住房产权。大部分“90 后”从 2012 年开始进入住房市场。Kaplan-Meier 生存曲线从生命历程的角度展示了个人首次获得住房产权的年龄，该曲线估计了能够成功获得住房产权的百分比[图 3-4（b）]。到 25 岁时，在 20 世纪 60 年代出生的人中只有不到 10%成为房主。与较早世代相比，在较晚世代出生的个体在首套住房产权获得方面呈现年轻化的趋势。

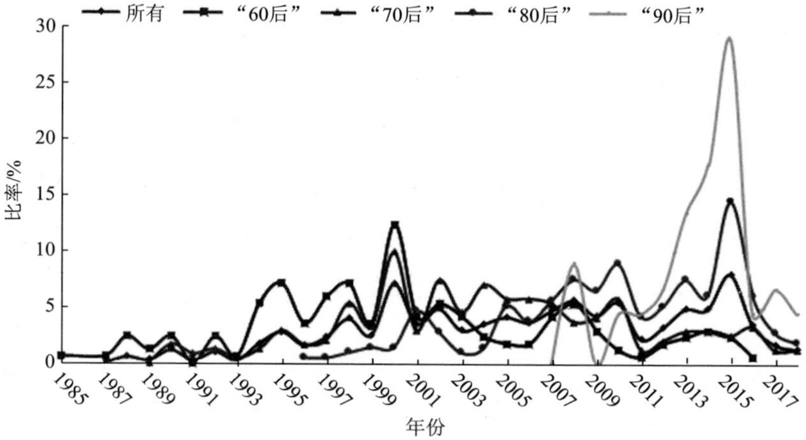

(a) 获得住房产权的年份

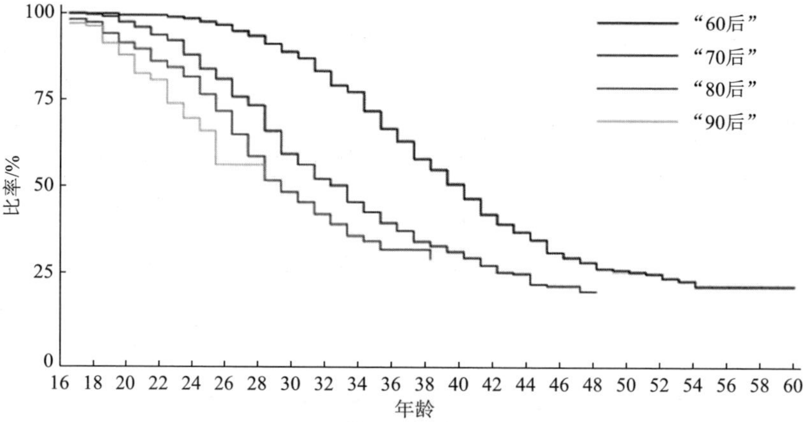

(b) 获得住房产权的年龄

图 3-4　首次住房产权获得时间的世代差异

3.3.3　首次住房产权获得影响因素的世代差异

与描述性分析的结果相似，表 3-4 中的模型显示城市居民在首次住房产权获得方面存在明显的世代差异。“70 后”、“80 后”和“90 后”群体成为房主的概率分别是“60 后”的 1.48 倍、1.78 倍和 3.02 倍，这表明自有住房市场在过去几十年间已经扩大。结婚对购买住房具有显著影响，但生育孩子与购房无显著相关关系，这可能是因为中国背景下个体往往需在结婚前后置备自有住房（Cui et al.，2016a）。与预期相反，尽管确实观察到自有产权住房的代际连续性，但父母的经济状况对子女获得首套住房的可能性没有显著影响。原生家庭子女数量对首套住房产权获得具有显著的影响，即来自独生子女家庭的个体比非独生子女家庭的个体更可能拥有房屋。使用数量质量折中理论来解释这一现象，即资源随着家庭规模的增长而被稀释（Becker and Feeley，1973）。在性别差异方面，无论是否为独生子女，男性都比女性更容易获得首套住房。受过高等教育的人更有可能获得首套自有住房。户口仍然是影响中国城市住房产权分化的重要制度性因素，拥有本地户口显著提高了获得首套自有住房的可能性。工作单位和政治面貌并不显著影响首次购房的时间。这与 21 世纪初的调查结果——制度在居民的住房行为中起着至关重要的作用——相反（Li and Yi，2007b；Zhou and Logan，1996）。

表 3-4　首次住房产权获得的离散时间逻辑斯蒂回归模型

自变量	模型
出生队列（参照组：“60 后”）	
“70 后”	1.479*** （0.121）
“80 后”	1.781***（0.157）
“90 后”	3.020***（0.205）
结婚年份	4.018***（0.140）
第一个孩子出生时间	0.908（0.135）
父母经济状况（参照组：低）	
中下—中等	0.963（0.196）
中上—高	1.113（0.174）
父母自有住房状况	1.179*（0.104）
原生家庭结构（参照组：多孩子家庭中的女性）	
多孩子家庭中的男性	1.210*（0.123）
一个孩子家庭中的女性	1.398**（0.134）
一个孩子家庭中的男性	1.896***（0.137）
持有本地户口（参照组：外来人口）	2.405***（0.167）
受教育程度（参照组：高中以下）	
高中	1.487***（0.160）
大专	1.825***（0.159）
本科及以上	2.475***（0.174）
有工作	1.723***（0.113）
单位性质（参照组：公有部门）	1.201（0.120）

续表

自变量	模型
政治面貌（是党员，参照组：非党员）	0.912（0.119）
常数项	0.002（0.304）
样本量	13 319
Wald chi^2	358.360
Log likelihood	−2340.831
Pseudo R^2	0.084

$*p < 0.10$，$**p < 0.05$，$***p < 0.01$。

3.4 地理差异背景下中国城市居民住房产权获得

3.4.1 研究设计

基于对现有文献的梳理和归纳，本节在地理差异的视角下，对来源地城市内部居民住房产权分化产生影响的机制和路径进行分析。在传统住房研究的基础上，本节研究提出来源地影响城市住房产权获得的两个间接途径。

其一，通过对代际的家庭住房支持的影响。住房价值的空间不平等导致了父母住房资产积累的差异，影响原生家庭可提供住房支持的数量和质量。在我国住房市场化改革进程中，城市住房市场表现出明显的区域差异。从房价可以看出，中国的住房市场呈现出一种等级结构，即一线城市、二线城市、三线城市等，农村地区位于该等级结构的底部（Wang，2019）。此外，住房市场的转型——市场化和金融化——加剧了空间分化，最显著的住房价值增长集中在较发达的城市，这意味着不同城市的住房资产积累存在差异。随着住房资产成为家庭财富的最大组成部分，不同城市的房价差异在较大程度上导致了不同城市父母财富的不平等（王跃生，2020），从而影响了年轻人可能获得的代际住房支持。为了追求更好的生活，外来人口正积极地沿着城市等级体系向上移动，在城市的住房市场中，来自较低等级城市或区域的外来人口与受益于住房优势代际传递的本地人口相比处于弱势地位。

其二，通过个体可获得的社会经济属性。个体可获得的社会经济属性受到空间机会结构的影响。改革开放以来，中国的发展取得了巨大的成就，但同时区域发展不平衡显著，不仅体现在经济发展水平和速度方面，而且体现在居民的教育、健康等福祉方面（王圣云和沈玉芳，2011）。例如，教育是提高人力资本的重要途径之一，但是不同地区之间存在着明显的教育资源和机会的分布不平等。在基础教育方面，虽然九年制义务教育逐步普及，高中教育基本普及，但基础教育发展的质量和水平在不同地区之间仍存在差距，教育资金投入的地理不平衡显著。虽然中西部地区学生人均教育支出的平均增长率较东部地区更快，但东部地区的学生人均教育经费一直明显高于中西部地区（刘保中，2018）。究其原因，一方面是由于地区间社会经济发展不均衡，公共教育资源供给能力存在区域差异（岳昌君，2003）；另一方面是由于基础教育的财政投入主要来自公共财政，各级地方政府财政资源的巨大差异加剧了教育经费的区域失衡（申沁，2011）。同时，高等教育机会的分布也表现出地区差异。“211 工程”和“985 工程”建设的高校是我国优质高等教育资源的代表，主要集中在东部地区（张燕燕等，2013），东部地区比中西部地区的人更可能获得接受高等教育的机会（Liu，2015）。此外，在中国的行政管理体制中，相对于生活在直辖市的人来说，生活在行政层次较低地区的人获得本科教育的机会相对较少（刘精明，2006）。

由此构建研究框架（图 3-5）并提出以下研究假设：

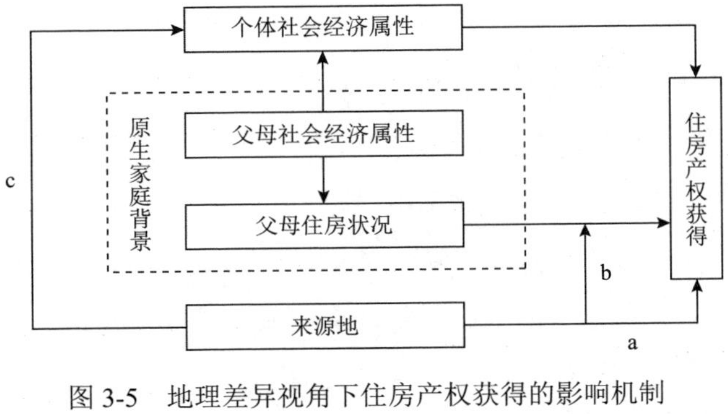

图 3-5　地理差异视角下住房产权获得的影响机制

假设 1：个体来源地对城市住房产权获得有直接影响（路径 a）。

假设 2：个体来源地除了对城市住房产权获得产生直接影响外，还存在间接影响。

假设 2.1：个体来源地可以影响代际的住房支持（路径 b）。

假设 2.2：个体来源地可以通过影响个体可获得的社会经济属性间接影响其住房产权的获得（路径 c）。

本节研究使用复旦大学长三角地区社会变迁调查（Fudan Yangtze River Delta Social Transformation Survey，FYRST）2013 年上海地区的调查数据，其以“80 后”为对象，收集家庭、婚姻、就业、迁移、住房、生育、子女教育、父母养老等方面的信息。该数据集不仅包含已婚受访者的信息，还包含受访者父母、配偶及配偶父母的相关信息。该调查采用分层、多级的复杂概率抽样设计，使用按规模大小成比例的概率抽样方法，按区县分层，对乡镇街道（街镇）、居/村委会（社区）、地址、个人进行抽样，在上海抽取 40 个街道，再抽取 80 个社区。在社区一级，由于上海市流动人口众多、人户分离严重，行政登记的常住人口资料往往不能反映实际情况，因此使用相对完整的门牌地址系统获取“80 后”调查对象样本。调查实际接触样本量为 3338 份，完成调查的有效样本为 2362 份，总体访问的成功率约为 71%。

本节研究以上海市“80 后”青年为研究对象，在剔除了不完全信息的问卷后，最终得到 2257 份样本量进行后续分析。首先，为探讨个体的社会经济属性、原生家庭背景和来源地特征对城市住房产权获得的影响，研究使用逻辑斯蒂回归模型，见式（3-3）：

$$\ln\left(\frac{P_i}{1-P_i}\right)=\beta_1\mathrm{ISE}_i+\beta_2\mathrm{FB}_i+\beta_3\mathrm{GO}_i+\beta_4C_i \tag{3-3}$$

其中，P_i 为个体 i 获得住房产权的概率，自变量 ISE_i、FB_i 和 GO_i 分别表示个体的社会经济属性、原生家庭背景和来源地特征，C_i 为控制变量，β 为系数。exp（β）等于 P_i/（$1-P_i$），衡量城市居民获得住房产权与未获得住房产权的概率发生的比值，便于对各自变量产生影响的程度进行对比。

其次，为检验来源地是否可以通过个体的社会经济属性对城市住房产权获得产生影响，以及个体的社会经济属性在何种程度上发挥中介作用，研究使用广义结构方程模型（GSEM，框架如图 3-6 所示），使用最大似然估计，并报告 logit 系数，以检验个体的社会经济属性的中介作用。广义结构方程模型是结构方程模型（SEM）的延伸，但结构方程模型在本质上是一般线性模型的拓展，要求结果变量和中介变量均为连续变量。然而在广义结构方程模型中，结果变量可以是二分类变量、有序和无序多分类变量等。然而，广义结构方程模型具有一定的局限性，它只能报告相对拟合情况，如赤池信息量准则（AIC）和贝叶斯信息准则（BIC），但无法报告绝对模型拟合，如卡方拟合指数、拟合优度指数（CFI）和近似误差均方根（RMSEA）等。

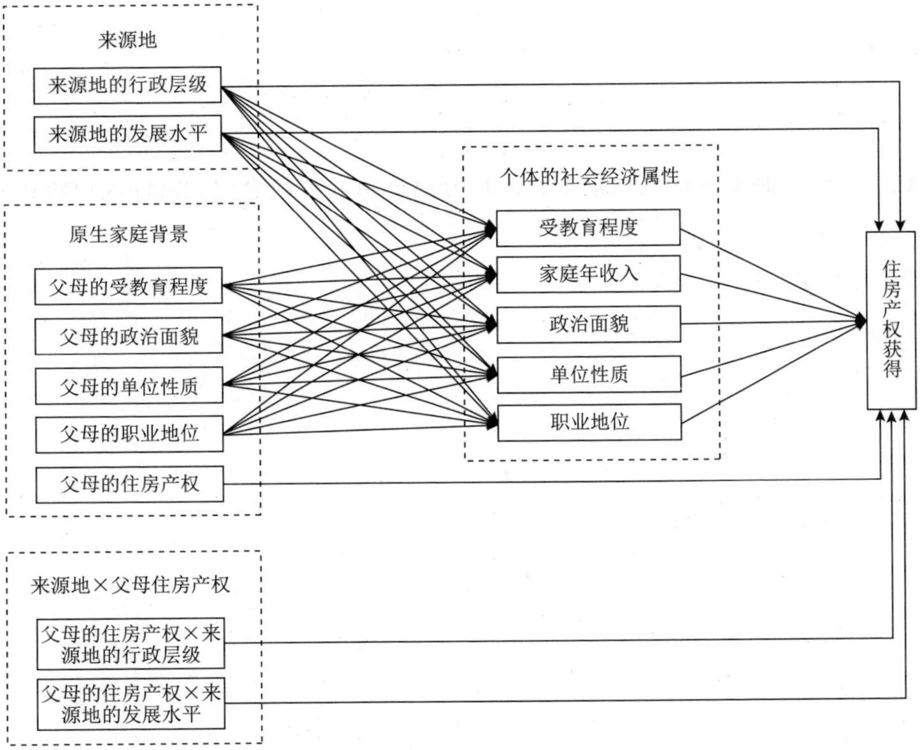

图 3-6 住房产权获得的广义结构方程模型框架

来源地会对代际住房传递产生影响。已有研究表明，父母的住房产权状况是子女能否获得住房产权的重要预测指标。因此，根据本节的假设，在广义结构方程模型中加入个体来源地与父母住房产权的交互项，以检验个体来源地是否可以调节父母的住房产权对其在流入城市获得自有住房的影响。来源地可以影响个体可获得的社会经济属性，但除了来源地外，关于社会流动性的研究已经证实了父母的社会经济属性具有代际传递性，如收入、职业、受教育程度和党员身份等（李力行和周广肃，2014），原生家庭可以通过继承、赠予和投资等方式，将其拥有的社会经济资源转化为子女在教育、就业等方面的优势（李煜，2006）。因此，本节在模型中也加入父母的社会经济属性作为控制变量，以检验来源地是否影响个体获得的社会经济属性，尽量避免遗漏变量的问题。

本节构建的广义结构方程模型主要包括式（3-4）和式（3-5）。在式（3-4）中，P_i 表示在受访时“80 后”在上海获得住房产权的概率。在自变量中，GO_i 表示来源地特征，包括来源地的行政层级和来源地的发展水平；ISE_i 表示个体的社会经济属性，包括受教育程度、家庭年收入、政治面貌、单位性质、职业地位；PH_i 表示父母的住房产权；C_i 为控制变量，包括年龄、性别、婚姻状况。其中，个体的社会经济属性不仅是自变量，而且是来源地对住房产权获得影响的中介变量。如式（3-5）所示，个体的社会经济属性不仅受到父母的社会经济属性的影响，同时还受到来源地特征的影响。

$$\ln\left(\frac{P_i}{1-P_i}\right)=a_0+a_1\mathrm{GO}_i+a_2\mathrm{ISE}_i+a_3\mathrm{PH}_i+a_1\mathrm{GO}_i\times\mathrm{PH}_i+a_5C_i \tag{3-4}$$

$$\mathrm{ISE}_i=\beta_0+\beta_1\mathrm{GO}_i+\beta_2\mathrm{PS}_i+\varepsilon_i \tag{3-5}$$

本节研究的因变量为受访者住房产权状况（有=1；无=0），即受访者在接受访问时是否拥有所住房屋的全部或部分产权。基于问卷设置，对受访者现有住房的产权情况进行划分，认为“已购房并有全部产权”、“已购房并有部分产权”、“继承私有住房”和“自建私有住房”为自有住房；“租住单位房”、“租住公房”、“租住私房”、“借住亲戚朋友的住房”和“集体宿舍”为非自有住房。虽然住房是由家庭成员共同居住的，但住房产权仅属于家庭中的某个或某些成员，如果不对产权人进行辨识，会影响分析结果的正确性。因此，只有受访者拥有全部或部分住房产权时，我们才认为其获得住房产权。

本节研究关注的自变量包括以下四大类。

（1）个体的社会经济属性，包括受教育程度、政治面貌、单位性质、职业地位、家庭年收入。以往的研究已经证实了这些变量在影响中国城市住房分化的关键作用（Cui et al.，2015；Huang and Clark，2002）。具体地，个体的受教育程度分成三个等级，分别为本科—博士、高中—大专、初中及以下。政治面貌和单位性质分别指是否为中国共产党党员以及是否在体制内单位工作，根据问卷识别出的体制内单位包括国家机关、党群组织和国有企事业单位。职业地位为二分类变量，包括管理者和非管理者，其中，管理者是指受访者承担国家机关、党群组织、企业、事业单位负责人的职位。家庭年收入用来衡量个体的住房购买能力。

（2）原生家庭背景，如父母的社会经济属性和住房产权状况。其中，父母的社会经济属性，包括受教育程度、政治面貌、单位性质、职业地位。由于教育普及率上升和高等教育扩招等原因，父代和子代之间整体的受教育情况存在明显的差异，因此，父母和子女的受教育程度划分采取不同的标准。父母的受教育程度以父亲和母亲当中的最高学历为准，受教育程度"高""中""低"分别对应的学历为大专—博士、初中—技校、小学及以下。父母的政治面貌为1表示父母中至少有一位党员，单位性质为1表示父母中至少有一位在体制内单位工作，职业地位为1表示父母中至少有一位是国家机关、党群组织、企业、事业单位负责人。父母的住房产权状况，即父母是否拥有自有产权住房。父母的住房产权是父母财富的重要表征，拥有自有产权住房的父母被认为更有能力为子女购房提供财富支持。

（3）个体的来源地。基于受访者14岁时户口所在地和居住地类型来识别其来源地。首先，在社会学研究中，青春期被认为是影响人们长远发展的关键时期（Reuter，1937），同时考虑到个体可能在幼年跟随父母迁移到不同的地区，因此，为衡量来源地对个体在成长的关键时期的影响，本节研究假设人们在14岁左右成长的地方的资源和机会对他们的未来发展产生较大的影响。其次，考虑到外来人口内部的多样性，使用14岁时的户口所在地有助于区分城市内部已经迁入户口的"新市民"和没有迁入户口的外来人口。因此，本节关注个体14岁时的来源地，并从行政层级和发展水平两个维度对来源地进行处理。

——来源地的行政层级。根据FYRST问卷中的问题"您14岁时的主要居住地是？”识别出受访者来源地的行政层级。问卷中答案设置包括农村、集镇、县、县级市、地级市、省会城市、直辖市、境外、其他等九个选项，其中，来源地为“境外”的样本不在本节研究范围内，在数据初步处理时已经被剔除。对于选择“其他”选项的受访者根据其回答对来源地的行政层级进行甄别。进一步在我国城市行政管理体制等级划分的基础上，将个体的来源地的行政层级分为三个层次：高等行政层级（直辖市、省会城市）、中等行政层级（地级市、县级市和县）、低等行政层级（集镇和农村）。

——来源地的发展水平。为反映地区的社会经济资源和发展机会，本节中使用地区发展与民生指数（DLI）2013 年的测算结果来衡量个体来源地的整体社会经济发展状况。首先，根据受访者 14 岁时的户口所在地，得到受访者来源地的省（自治区、直辖市）信息。其次，根据 2013 年各地区发展与民生指数，将受访者来源地的省（自治区、直辖市）分为三类：发展水平高（北京、上海、天津、江苏、浙江、广东）；发展水平中等（福建、重庆、山东、辽宁、湖北、陕西、四川、安徽）；发展水平低（湖南、江西、山西、吉林、河北、河南、黑龙江、内蒙古、广西、云南、贵州、甘肃、新疆）。上海是发展水平较高的城市之一且作为研究区域，上海本地人口在住房市场上具有明显优势。因此，在接下来的分析中，本节研究将上海作为一个单独类别（即参照组）。

（4）控制变量。本节研究在统计分析中控制了个体的年龄、性别和婚姻状况，其中除了年龄，其他变量均进行了虚拟化处理。

3.4.2 来源地与个体的社会经济属性

如表 3-5 所示，来源地不同的个体在受教育程度、政治面貌、单位性质、职业地位和家庭年收入等社会经济属性方面表现出明显的差异。从来源地的行政层级来看，来自中等行政层级地区的群体，更有可能受过本科及以上程度的高等教育、加入中国共产党、担任管理者职位、有明显更高的家庭年收入。就单位性质而言，来自高等行政层级地区的群体在体制内工作的比例更大（38.42%）。来自集镇和农村的个体，社会经济属性的各个方面更可能处于弱势。

表 3-5　来源地与个体的社会经济属性

来源地属性	受教育程度			政治面貌（党员）	体制内工作	管理者	家庭年收入/元
	低	中	高				
来源地的行政层级							
高	3.21%	49.18%	47.61%	13.01%	38.42%	10.15%	138 815.4
中	6.15%	33.08%	60.77%	21.54%	20.00%	14.62%	177 134.9
低	30.18%	48.36%	21.46%	7.29%	18.17%	6.67%	118 060.1
来源地的发展水平							
上海	6.67%	53.24%	40.09%	10.97%	33.92%	8.73%	132 391.3
高	22.41%	41.38%	36.21%	13.79%	22.99%	13.79%	144 562.0
中	45.95%	33.11%	20.95%	9.12%	13.85%	8.45%	123 768.1
低	31.15%	31.15%	37.70%	12.02%	11.48%	6.56%	130 751.4

从发展水平来看，来源地的发展水平越高，群体的社会经济属性越可能具有优势。来自上海本地的样本受教育程度最高，样本中93.33%拥有高中及以上的学历水平，40.09%接受过本科及以上程度的教育。同时，上海本地居民在体制内单位工作的比例（33.92%）明显高于外来人口。虽然来自北京、天津、江苏、浙江、广东等发展水平高的地区的群体的整体受教育程度和在体制内工作的比例次于来自上海的群体，但是其成为精英的可能性最大，成为党员和管理者的比例均为13.79%；同时，该群体拥有最高的家庭年收入，反映出其经济能力普遍较高。虽然来自发展水平低的地区的群体比来自发展水平中等的地区的群体在获得本科及以上学历、政治面貌为党员和家庭年收入方面表现更好，但前者中在体制内工作和担任管理者职位的比例较小。总的来看，来源地和群体的社会经济属性之间的关系比较复杂，并没有表现出明显的等级模式，部分原因可能是外来人口的自我选择。

3.4.3　来源地与原生家庭背景

表 3-6 根据来源地不同展示了父母的住房产权和社会经济属性。可以看到，来源地不仅与个体的社会经济属性有关，更重要的是与父母所拥有的经济、社会资源也具有紧密联系。首先，对于来自不同行政层级区域的样本，父母获得住房产权的比例存在显著差异，但从来源地的发展水平的维度看，差异几乎可以忽略

不计。具体地，就来源地的行政层级来看，来自中等行政级别区域的青年，其父母获得住房产权的比例最大，来自高等行政层级区域和低等行政层级区域的青年，其父母获得住房产权的比例较小。究其原因，可能是直辖市和省会城市的住房市场竞争更激烈，房价更高，从而导致自有产权住房的比例相对较小；而集镇和农村的住房市场发展不完善，有相当一部分人居住在小产权或自建住房中，获得住房产权的比例较小。就来源地的发展水平来看，来自上海和其他发展水平高的地区的青年，其父母获得住房产权的比例分别为 46.01%和 49.43%，该比例在来自发展水平低的地区的样本中为 44.81%，而来自发展水平中等的地区的样本中只有 40.54%的父母获得住房产权，比例最低。其次，对于不同来源地的个体，其父母的社会经济属性存在明显差异，与个体的社会经济属性在不同来源地之间的关系相似。从行政层级来看，来自地级市、县级市和县的父母接受过大专及以上的教育、是党员和管理者的比例最大。从来源地的发展水平来看，上海本地个体的父母的社会经济属性明显好于其他欠发达地区。总体而言，从父母的住房产权状况和社会经济属性来看，来自不同地区的个体的原生家庭背景各不相同，而在不同行政层级间的差异更为明显，尤其是父母获得住房产权的比例。

表 3-6　来源地与父母的住房产权状况和社会经济属性（%）

来源地属性	父母拥有住房产权	父母的受教育程度			父母是中共党员	父母在体制内工作	父母是管理者身份
		低	中	高			
来源地的行政层级							
高	49.00	2.86	79.18	17.95	22.03	70.16	9.97
中	63.85	7.69	68.46	23.85	36.92	53.08	13.85
低	38.81	28.54	70.02	1.44	10.57	12.32	3.49
来源地的发展水平							
上海	46.01	8.10	79.36	12.53	17.77	53.43	8.23
高	49.43	22.41	69.54	8.05	18.97	29.31	7.47
中	40.54	34.80	57.43	7.77	17.91	16.89	4.73
低	44.81	26.78	65.57	7.65	18.58	21.86	4.37

3.4.4　来源地对居民住房产权获得的影响分析

本节构建逻辑斯蒂回归模型分析个体的社会经济属性、原生家庭背景和来源地特征对城市住房产权获得的影响，并重点关注在控制个体人口学特征、社会经济属性、原生家庭背景后，来源地特征是否会导致居民间的住房产权分化。采用层次回归分析，将社会经济属性、原生家庭背景、来源地的行政层级和发展水平三组变量逐次加入模型。共线性检验的结果显示自变量的 VIF 值均小于 10，即模型的多重共线性在可接受的范围内。模型结果如表 3-7 所示。

模型 1 的结果表明在个体的社会经济属性中，受教育程度、家庭年收入、单位性质均对城市住房产权获得具有显著正向影响；政治面貌和职业地位对城市住房产权获得没有明显的作用。从受教育程度来看，拥有高中—大专、本科—博士学历的个体更有能力获得住房产权，获得住房产权的概率分别是只接受过初中及以下教育的个体的 4.125（$e^{1.417}$）和 5.489（$e^{1.703}$）倍，这意味着伴随着住房市场化改革，受教育程度作为人力资本的重要指标，已经成为住房产权获得能力最有力的预测因素。收入越高，获得住房产权的概率越大。传统的制度性因素中，体制内工作仍对住房产权获得产生显著的正向作用，但政治面貌的影响不再显著，说明在国家和单位福利分房阶段起主导作用的制度性因素对“80 后”青年群体住房产权获得的影响变弱，而受教育程度、家庭年收入等市场性因素在住房资源分配中产生重要影响。在控制变量中，与以往住房研究的结论相一致，随着年龄的增长，人们更可能通过工作等途径积累更多的财富和信息渠道等资源，从而提高获得住房产权的能力；但性别、婚姻状况对城市住房产权获得没有明显的作用。

表 3-7　地理差异视角下居民住房产权分化影响因素的逻辑斯蒂模型结果

变量类型	自变量名称	模型 1		模型 2		模型 3	
		B	S. E.	*B*	S. E.	*B*	S. E.
个体的社会经济属性	受教育程度[参照组：低（初中及以下）]						
	中（高中—大专）	1.417***	0.146	1.190***	0.156	0.731***	0.170
	高（本科—博士）	1.703***	0.163	1.371***	0.177	0.975***	0.192
	家庭年收入（取对数）	0.486***	0.074	0.416***	0.076	0.436***	0.080
	政治面貌（参照组：非党员）	−0.173	0.159	−0.094	0.165	0.045	0.178
	单位性质（参照组：体制外）	0.426***	0.107	0.350***	0.111	0.093	0.118
	职业地位（参照组：非管理者）	−0.033	0.165	−0.052	0.169	−0.050	0.180

续表

变量类型	自变量名称	模型 1		模型 2		模型 3	
		B	S. E.	B	S. E.	B	S. E.
原生家庭背景	父母的住房产权（参照组：无）			−0.710***	0.097	−0.738***	0.105
	父母的受教育程度[参照组：低（小学及以下）]						
	中（初中—技校）			0.378**	0.152	0.060	0.163
	高（大专—博士）			0.822***	0.236	0.417*	0.252
	父母的政治面貌（是党员，参照组：非党员）			−0.031	0.142	0.206	0.152
	父母的单位性质（参照组：体制外）			0.674***	0.110	0.092	0.129
	父母的职业地位（参照组：非管理者）			0.230	0.208	0.247	0.218
来源地	行政层级（参照组：高）						
	中					−0.828***	0.249
	低					−1.124***	0.145
	发展水平（参照组：上海）						
	高					−0.747***	0.196
	中					−1.238***	0.179
	低					−1.342***	0.212
控制变量	性别（参照组：女）	−0.090	0.094	−0.075	0.097	−0.151	0.103
	年龄	0.055***	0.018	0.051***	0.019	0.054***	0.020
	婚姻状况（参照组：未婚）	0.092	0.106	0.313***	0.113	0.741***	0.129
	LR χ^2	290.950		418.730		648.230	
	Prob > χ^2	0.000		0.000		0.000	
	Log likelihood	−1377.938		−1314.050		−1199.299	
	Pseudo R^2	0.096		0.137		0.213	

注：B 为系数，S. E.为标准误。

$* p < 0.10$，$** p < 0.05$，$*** p < 0.01$。

模型 2 在模型 1 的基础上加入原生家庭背景的相关变量。结果表明，父母的住房产权与子代的住房产权显著负相关，而在父母的社会经济属性中，父母的受教育程度和体制内工作对青年的住房产权获得产生了显著的正向影响，相比之下，父母的政治面貌和职业地位没有产生显著影响。从父母的住房产权来看，当父母拥有住房时，个体获得住房产权的概率小于父母没有住房产权时的概率。青年群体与其父母的住房产权之间的负相关关系可能的原因是，面对高昂的住房价格，上海有相当数量的青年选择居住在父母的家中或者居住在由父母购置的房产中，推迟甚至选择不进入住房市场中购置独立的房产。事实上，随着许多年轻人迁移进入大城市寻求更好的教育和就业机会，一些富裕的外地家庭甚至会提前在子女成年后发展的城市购置房产，帮助其在目的地城市中安定下来，实现向上的社会流动。受教育程度是反映社会经济地位的重要方面，受教育程度越高的父母越有能力帮助其成年子女。父母在体制内工作的青年获得住房产权的概率是父母不在体制内工作的青年的 1.962（$e^{0.674}$）倍。在住房改革之前，父母在体制内工作意味着有机会获得单位福利分房，并在住房私有化过程中以远低于市场价的价格获得住房产权，完成原始的住房财富积累。由此，在体制内工作的父母在住房市场化的改革过程中将制度优势延续下来，甚至在住房市场中购置更多的住房，并在随后的房价上涨中获益。与模型 1 相比，模型 2 加入原生家庭背景的相关变量后，个体的社会经济属性产生的影响略有减弱，但控制变量中婚姻状况的影响变为显著为正。这些结果表明，原生家庭背景可以对青年群体内部的住房分化产生影响，并且可以部分解释个人社会经济属性的影响。

模型 3 中增加了个体的来源地特征。结果显示，在控制了个体的社会经济属性和原生家庭背景之后，个体的来源地特征对其住房产权获得产生显著的影响，即假设路径 a 成立，且来源地影响的大小表现出梯次递减的特征。从来源地的行政层级来看，来自直辖市和省会城市的人最有可能在上海拥有自己的住房，其次是来自地级市、县级市和县的人，而来自集镇和农村的人在上海拥有自己的住房的概率最小。从来源地的发展水平来看，拥有住房的概率也呈现出等级变化。来自高、中、低发展水平区域的外来人口拥有住房的概率分别是上海本地人口的 0.47 倍、0.29 倍和 0.26 倍。从行政层级和发展水平两个维度衡量的来源地是影响青年人住房状况的一个决定性因素。尽管已有相关研究发现，与本地人口相比，外来人口拥有住房的可能性较小，但本节研究的结果进一步表明，来自不同地方的外来人口在同一个城市住房市场中处于不同程度的劣势地位。此外，与模型 2 相比，加入来源地特征的模型 3 结果中，年龄、婚姻状况所代表的重要的生命历程事件以及家庭年收入对年轻人获得住房的影响略微增加，青年受教育程度产生的影响明显减小，单位性质的影响不再显著。同时，原生家庭背景产生的影响也发生变化，父母的住房自有率表现出更强的负向影响，而父母的社会经济属性中只有受教育程度高时产生显著的正向影响。

3.4.5 来源地对居民住房产权获得的影响路径探究

为剖析来源地对居民住房产权获得的影响路径，使用 STATA 软件运行广义结构方程模型（表 3-8），模型 2 在模型 1 的基础上加入父母的住房产权状况与个体来源地的交互项。首先，基于模型 1 的结果，个体来源地的行政层级和发展水平与其在城市中的住房产权获得存在直接的相关关系。与前文分析结果相一致，个体来源地特征对城市住房产权获得产生的影响呈现出等级差异的特征。个体在城市获得住房产权的概率随着其来源地的行政层级的下降而减小，以来自直辖市和省会城市的个体为参照组，来自地级市、县级市和县的个体以及来自集镇和农村的个体获得住房产权的概率分别是其 0.45（$e^{-0.797}$）倍、0.29（$e^{-1.246}$）倍。从来源地的发展水平来看，获得住房产权的概率也呈现出梯次递减的特征，来自高、中、低发展水平区域的外来人口获得住房产权的概率分别是上海本地人口的 0.47（$e^{-0.748}$）倍、0.30（$e^{-1.210}$）倍和 0.26（$e^{-1.341}$）倍。从个体的社会经济属性来看，受教育程度和家庭年收入与个体的住房产权状况显著相关。受教育程度作为人力资本的重要指标与住房产权获得能力正向相关，拥有高中—大专、本科—博士研究生学历的个体更有能力获得住房产权，其获得住房产权的概率分别是学历为初中及以下个体的 2.15（$e^{0.765}$）倍和 2.96（$e^{1.084}$）倍。家庭年收入越高，个体在城市中获得住房产权的概率越高。然而在再分配体制下发挥重要作用的制度性因素包括政治面貌、单位性质和职业地位则没有显著的影响。从父母的住房产权来看，父母获得住房产权的青年获得住房产权的概率是父母没有住房产权的青年的 0.49（$e^{-0.711}$）倍。控制变量主要为个体的人口学特征，其中，年龄和婚姻状态与获得住房产权的概率正向相关，在受访的青年群体中，年龄越大越可能获得住房产权，同时，结婚事件的发生也会显著提高获得住房产权的概率。

在模型 2 中加入父母的住房产权状况与个体来源地的行政层级和发展水平之间的交互项，结果显示，父母是否拥有住房产权对个体住房结果的直接影响受到来源地特征的调节作用，具有统计显著性，具体的调节效应如图 3-7 所示。从来源地的行政层级来看，来自直辖市和省会城市的个体，其父母的住房产权状况的影响几乎可以忽略不计，而来自中等行政层级（地级市、县级市和县）和低等行

表 3-8　个体来源地对居民住房产权获得的影响路径分析结果

变量	个体住房产权				受教育程度（参照组：低）				家庭年收入		政治面貌		单位性质		职业地位	
	模型 1		模型 2		中		高									
	B	S.E.	*B*	S.E.	*B*	S.E.	*B*	S.E.	*B*	S.E.	*B*	S.E.	*B*	S.E.	*B*	S.E.
来源地的行政层级（参照组：高）																
中	−0.797***	0.246	0.575	0.405	0.754	0.460	1.032**	0.468	−0.023	0.073	0.270	0.307	−0.293	0.275	0.153	0.341
低	−1.246***	0.130	−0.034	0.226	−0.694***	0.228	−1.191***	0.240	−0.064	0.039	−0.447**	0.200	−0.595***	0.134	−0.490**	0.216
来源地的发展水平（参照组：上海）																
高	−0.748***	0.195	−1.466***	0.299	−0.998***	0.249	−0.709**	0.279	0.123**	0.058	0.388	0.275	−0.242	0.210	0.634**	0.276
中	−1.210***	0.177	−1.912***	0.271	−1.783***	0.194	−1.814***	0.241	−0.074	0.049	0.108	0.264	−0.743***	0.201	0.215	0.274
低	−1.341**	0.211	−2.405***	0.321	−1.495***	0.240	−0.771***	0.262	−0.007	0.059	0.311	0.295	−0.996***	0.263	−0.119	0.356
受教育程度［参照组：低（初中及以下）］																
中（高中—大专）	0.765***	0.165	0.779***	0.170												
高（本科—博士）	1.084***	0.185	1.077***	0.190												
家庭年收入（取对数）	0.466***	0.080	0.454***	0.081												
政治面貌（是党员，参照组：非党员）	0.059	0.176	0.044	0.180												

续表

变量	个体住房产权				受教育程度（参照组：低）				家庭年收入		政治面貌		单位性质		职业地位	
	模型 1		模型 2		中		高									
	B	S.E.	*B*	S.E.	*B*	S.E.	*B*	S.E.	*B*	S.E.	*B*	S.E.	*B*	S.E.	*B*	S.E.
单位性质（参照组：体制外）	0.085	0.118	0.120	0.119												
职业地位（参照组：非管理者）	−0.050	0.179	−0.062	0.182												
父母的住房产权（参照组：无）	−0.711***	0.104	−0.117	0.149												
性别（参照组：女）	−0.148	0.103	−0.136	0.104												
年龄	0.057***	0.020	0.052***	0.020												
婚姻状况（参照组：未婚）	0.725***	0.128	0.714***	0.131												
父母的住房产权×来源地的行政层级																
有×中			−2.021***	0.512												
有×低			−1.811***	0.262												
父母的住房产权×来源地的发展水平																
有×高			1.008**	0.401												
有×中			0.788**	0.370												

续表

变量	个体住房产权				受教育程度（参照组：低）				家庭年收入		政治面貌		单位性质		职业地位	
	模型 1		模型 2		中		高									
	B	S.E.	*B*	S.E.	*B*	S.E.	*B*	S.E.	*B*	S.E.	*B*	S.E.	*B*	S.E.	*B*	S.E.
有×低			1.596***	0.430												
父母的受教育程度[参照组：低（小学及以下）]																
中（初中—技校）					1.235***	0.165	1.681***	0.219	0.200***	0.044	1.435***	0.378	0.180	0.176	0.234	0.267
高（大专—博士）					1.057**	0.520	2.409***	0.532	0.321***	0.066	1.671***	0.426	0.361	0.234	0.300	0.356
父母的政治面貌（参照组：非党员）					0.322	0.275	0.897***	0.278	0.090**	0.041	0.622***	0.171	0.251*	0.135	−0.077	0.211
父母的单位性质（参照组：体制外）					1.176***	0.267	1.417***	0.272	0.141***	0.036	−0.114	0.168	0.176	0.119	−0.075	0.185
父母的职业地位（参照组：非管理者）					−0.671	0.426	−0.286	0.425	0.176***	0.056	0.071	0.235	−0.459**	0.192	0.662**	0.243
父母的家庭年收入									0.442***	0.013						
Log likelihood	−8028.982		−8001.558													
AIC	16223.960		16179.120													
BIC	16698.870		16682.630													

注：*B* 为系数，S.E.为标准误。

*、**和***分别代表 5%、1%、0.1%显著水平上显著。

政层级（集镇和农村）的个体，其父母获得住房产权则意味着其获得住房产权的可能性较小，且两者的影响力度几乎相同。从来源地的发展水平来看，来自上海的个体，其父母的住房产权与个体的住房产权呈现显著的负相关，意味着父母在上海获得住房产权的青年获得独立住房产权的概率较小。如前文所述，面对上海市住房市场内部激烈的竞争和高昂的房价，越来越多的青年推迟离开父母房子的时间或选择居住在父母购置的房子内。来自发展水平高和发展水平中等的地区的个体，父母住房产权的影响很小。对于来自发展水平低的地区，如湖南、江西、山西等，父母与青年个体的住房产权之间呈现显著的正向相关性。总而言之，个体来源地的确会影响代际的住房支持，即验证了假设 2.1。

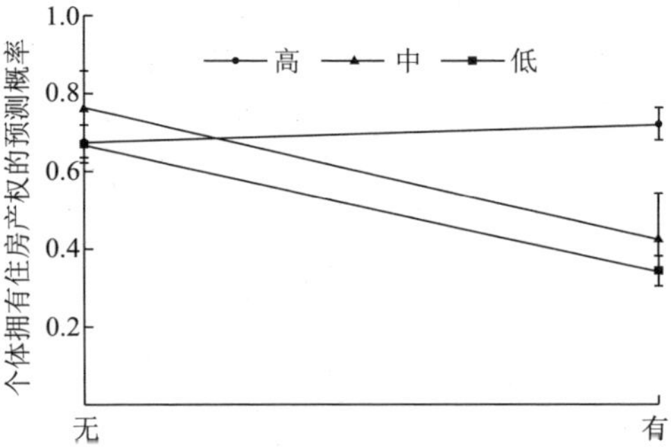

（a）来源地的行政层级的调节作用

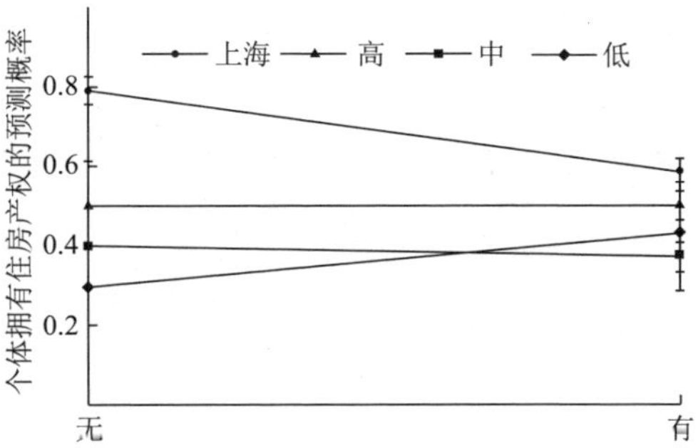

（b）来源地的发展水平的调节作用

图 3-7 来源地在父母与个体住房产权状况之间的调节作用

表 3-8 的模型 2 显示了在控制父母社会经济属性代际传递的影响后，个体来源地的行政层级和发展水平对其获得的社会经济属性的影响，可以看到，来源地特征对个体的不同社会经济属性产生的影响存在差异，对受教育程度的影响最大。就对个体受教育程度的影响而言，与来自高等行政层级的直辖市和省会城市的个体相比，来自地级市、县级市和县拥有本科及以上学历的个体获得住房产权的概率更高，是其 2.81 倍。由于受教育程度是人力资本和市场能力的重要指标，这也解释了为何来自地级市、县级市和县的个体能够提高获得住房产权的概率。来自集镇和农村的个体的整体学历水平最低。与上海本地人口相比，外来人口在受教育程度方面表现较差，更可能只接受过初中及以下程度的教育，

可能是因为低技能劳动力在流动人口中占据主导地位，而在外来人口内部受教育程度随来源地发展水平由高到低逐次降低。受教育程度的代际传递特征明显，父母的受教育程度、政治面貌、体制内工作与个体的受教育程度呈现显著的正向相关，而父母职业地位的影响则不显著，说明父母的体制内优势可以通过对子女人力资本的投资进行转移。就个体的家庭年收入而言，来源地的行政层级没有对其产生显著的影响，只有来自发展水平高的地区的个体与上海本地人口相比在收入上具有优势；相较之下，原生家庭背景对收入的影响显著，父母的社会经济地位越高，个体家庭年收入就越高。就个体的政治面貌而言，除了来自集镇和农村入党比例较低，来源地特征没有显著的作用；原生家庭背景中父母的受教育程度和政治面貌产生显著的正向影响。就个体的单位性质而言，来源地的行政层级和发展水平的影响呈现出等级差异的特点，可以看到系数逐渐减小，但来源地为行政层级中等和发展水平高的地区时，系数并不具有统计显著性；父母的政治面貌为党员与个体在体制内工作正向相关，但父母是管理者不利于个体体制内工作的获得。就职业而言，与来自直辖市和省会城市的个体相比，来自集镇和农村的个体较难成为管理者，但来自发展水平较高的地区的个体比上海本地人口更可能成为管理者；父母的受教育程度、政治面貌、单位性质对个体的职业地位没有显著影响，但是父母的职业地位与个体的职业地位显著正向相关。

表 3-9 显示了个体来源地通过个体的社会经济属性对其在城市住房市场获得自有产权住房的间接影响。结果显示，来源地的行政层级和发展水平对住房产权获得的总间接影响显著，主要通过作用于个体的受教育程度来间接影响其在城市中的住房产权获得，此外，来源地的发展水平还在一定程度上通过家庭年收入间接作用于个体的住房结果，即假设 2.2 成立。综合来看，从来源地的行政层级来看，与来自直辖市和省会城市的个体相比，来自地级市、县级市和县的个体通过受教育程度对住房产权获得产生正向的间接影响，而来自集镇和农村则显著为负。来自上海以外地区的个体在上海的住房市场中均处于显著的劣势地位，其中，来自发展水平中等的地区意味着获得住房产权的概率最低，可能与样本中来自发展水平中等的地区的外来人口以低技能、受教育程度较低的劳动力为主导相关。

表 3-9 个体来源地通过个体的社会经济属性影响住房产权获得的间接效应

来源地属性	受教育程度（参照组：低）		家庭年收入	政治面貌	单位性质	职业地位	总间接影响
	中	高					
来源地的行政层级（参照组：高）							
中	0.588	1.112**	−0.010	0.012	−0.035	−0.010	1.657*
低	−0.541**	−1.283***	−0.029	−0.020	−0.072	0.030	−1.914***
来源地的发展水平（参照组：上海）							
高	−0.777***	−0.764**	0.056*	0.017	−0.029	−0.039	−1.537***
中	−1.389***	−1.954***	−0.034	0.005	−0.089	−0.013	−3.475***
低	−1.165***	−0.831***	−0.003	0.014	−0.120	0.007	−2.098***

注：列为中介变量。

* $p < 0.10$，** $p < 0.05$，*** $p < 0.01$。

3.5 小　结

在本章中，我们重点研究了中国城市居民住房产权获得的影响因素，对传统的住房研究框架进行了补充。首先，在生命历程的理论视角下，以南京为例，关注城市中高技能外来人口与本地人口之间在获得住房产权方面的异同，揭示首次住房产权获得与个体生命历程发展、制度性因素以及社会经济背景的变化之间的关系。其次，以上海为例，分析 40 多年来中国住房供应体系结构的调整以及住房产权需求的增加，不同世代群体获得首套住房产权的时间是否存在差异以及产生差异的原因。最后，以上海为例，关注在中国区域发展不均衡的背景下，个体的来源地是否以及如何对城市中的住房产权分化产生影响，探究不同来源地在宏观层面上的地理差异是否以及如何随着人口的地理流动影响城市内部个体间的住房产权分化。

学者们已经针对市场与制度性因素对住房消费的影响展开了大量研究（Wu，2004b；Huang and Deng，2006）。学者们一致认为，在 21 世纪前 10 年的初期（过渡时期），市场机制和制度性因素对居民的住房行为都起着至关重要的作用（Li and Yi，2007b；Liang，2013；Huang et al.，2014）。我们的研究首先表明，当商品住房成为中国城市购房的主要途径时，住房行为较大程度上取决于与个人生命历程密切相关的市场性因素，而单位性质和政治面貌之类的制度性因素的影响正逐渐变小，这与市场过渡理论一致。家庭收入作为一个人财务资源的直接指标以及同居/结婚和其他家庭规模变化等，对解释住房产权的获得至关重要。晚婚在一定程度上也是中国的高技能外来人口较晚获得住房产权的原因；当然，较晚获得住房产权也可能导致晚婚。

与多关注从事低技能劳动力的外来农村人口的研究相比，第 3.2 节聚焦城市中高技能外来人口的住房产权获得，研究发现，高技能外来人口不一定获得了流入城市的户口，但他们具有很强的在流入城市定居并购买住房的意愿。尽管高技能外来人口拥有与高技能本地人口相似的社会经济地位，但在住房产权获得方面与高技能本地人口相比仍存在显著差距，而这一差距在较大程度上可以归因于家庭经济支持的差异。许多本地人口是代际财富转移的受益者，在住房生涯开始时就获得了自有产权住房。相比之下，外来人口大多来自房价和收入明显较低的小城市或农村地区，获得的父母经济支持更少，需要依靠自己积累资源来筹集购房资金，因此与本地同龄人相比往往需要更多的时间才能在本地获得首套住房。本地人口和外来人口之间在住房产权获得上的差距在某种程度上表明不平等可以在代际进行传递或再生产，同时反映了地区之间经济差异的影响。但不同于西方国家种族对住房获得分化的持久影响（Huang et al.，2014），中国高技能外来人口在住房产权方面的同化过程正在发生。较高的受教育程度和工作技能帮助他们克服户籍壁垒，与本地人口享受同等的权益，并且他们在南京定居的强烈倾向在同化过程中也起着决定性作用。此外，通过住房公积金或商业贷款可获得抵押贷款，也有助于他们获得住房产权。

其次，不同世代首次获得住房产权的时间也存在差异性，“90 后”、“80 后”和“70 后”购买首套住房的时间均显著早于“60 后”。住房改革 30 多年来，房价的大幅上涨以及与户籍紧密捆绑的教育、医疗等各种保障和福利凸显了住房的经济价值和社会价值，增加了居民对自有产权住房的需求。对于婚房的需求进一步推动青年群体进入住房市场，也由此产生“丈母娘推高房价”的笑谈。同时，传统家庭文化中父母对子女的住房支持使得年轻群体较早获得自有住房成为可能。中国城市飞涨的房价似乎并没有打消人们买房的念头，反而激发了他们尽早进入住房市场的热情。我们的研究表明，原生家庭背景对首套住房产权获得的影响主要体现在家庭结构和父母的住房产权状况，而父母的经济状况并不产生显著影响。在家庭中，独生子女比非独生子女更容易获得自有住房，且儿子比女儿更容易获得自有住房。父母的住房产权与成年子女获得住房产权显著相关。但必须承认的是，住房产权的代际连续性可能会引起父母对孩子其他方面发展的影响，如受教育程度或职业（Bayrakdar et al.，2019；Ermisch and Halpin，2004）。随着中国社会不断分化，年轻人父母之间的贫富差距正在扩大（Wu et al.，2019a）。鉴于中国的代际联系是强大且有弹性的，具有不同特征的群体之间的住房不平等格局很可能会一代代传下去。此外，父母为子女提供经济支持的现象会愈加普遍，将进一步加剧住房不平等，从而阻碍社会流动。

最后，在地理差异的视角下，第 3.4 节关注城市内部居民来源地的异质性与城市内部住房分化之间的关系。研究发现，来源地的行政层级和发展水平是地区社会经济发展和资源禀赋的重要指标，不仅与城市住房产权获得直接相关，还可以通过影响原生家庭所提供的住房支持和个体可获得的社会经济属性，间接影响个体间的住房产权分化。首先，自然地理条件差异以及社会经济资源在地理上的不均衡导致中国内部城乡之间、城市之间、区域之间在社会经济发展和城市公共服务方面存在差异显著，个体的社会经济属性和原生家庭背景因此也存在显著差异。来自低等行政层级的个体社会经济水平普遍较低，来自中高等行政层级的个体社会经济地位更高，原生家庭背景也更好。从来源地的发展水平来看，发展水平越高，个体和父母的社会经济地位越可能处于优势地位，例如，上海本地个体的父母在受教育程度和单位性质上的表现明显优于其他地区个体的父母。由此，个体的来源地可以看作是一种初始资本，在人口迁移的过程中，来自不同区域的人带着不平等的初始资本进入同一个住房市场进行竞争，导致了住房机会的分化。此外，来源地在不平等的代际延续方面也起着重要的作用。通过累积因果关系和路径依赖，社会经济地位较高的人可以迁移到机会更多的地方，从而为他们的后代提供更好的机会，而社会经济地位较低的群体，无论是在地理空间上还是在社会经济地位上则都有可能会被困在原地（Sharkey and Elwert，2011）。因而，个体的来源地作为一种先赋性因素，可能会导致社会流动路径上的不平等，并促使阶层再生产和固化。

个体的来源地特征与城市住房产权获得具有显著的直接相关关系。个体获得住房产权的概率与来源地在区域等级体系中的位置一致，呈现出等级差异的特点。来源地的行政层级和发展水平越高，社会经济资源和发展机会越多，个体在城市住房市场获得住房产权的机会越大。综合来看，上海本地人口在住房市场中具有最大优势，其次是来自省会城市和其他发展水平较高的地区的外来人口，而来自集镇和农村以及发展水平低的地区的外来人口往往处于劣势。除了直接相关关系外，个体的来源地特征通过对代际支持的影响和个体的社会经济属性间接影响城市住房产权获得。从代际支持的角度来说，若个体来自中等行政层级和低等行政层级，其父母获得住房产权则意味着其获得住房产权的可能性越小；从来源地发展水平的维度来看，来自上海的个体，其父母的住房产权与个体的住房产权呈现显著的负相关，而对于来自发展水平低的地区，父母与青年个体的住房产权之间呈现显著的正向相关性。从个体可获得的社会经济属性角度来讲，就来源地对个体受教育程度的影响而言，与来自直辖市和省会城市的个体相比，来自地级市、县级市和县的个体拥有本科及以上学历的概率更高，而来自集镇和农村的个体的整体学历最低；与来自上海本地的个体相比，外来人口的受教育程度较低，并且在外来人口内部，个体的受教育程度随来源地的发展水平逐级递减而降低。就个体的家庭年收入而言，只有来自发展水平高的地区的个体与上海本地人口相比在收入上具有优势。就政治面貌而言，来自集镇和农村的个体是党员的概率较低。就个体的单位性质而言，随着来源地的行政层级和发展水平的提高，个体在体制内工作的概率逐步增大。就职业而言，与来自直辖市和省会城市的个体相比，来自集镇和农村的个体成为管理者的概率较低，但与上海本地人口相比，他们更可能成为管理者。来源地的行政层级和发展水平对住房产权获得的总间接影响显著，主要通过作用于个体的受教育程度来间接影响其在城市中的住房产权获得，此外，来源地的发展水平还在一定程度上通过间接影响个体的家庭年收入正向作用于住房产权获得。

第4章

代际传递视角下住房产权获得

4.1　代际传递与城市居民住房分化

国家、市场和家庭是资源分配和福利供给的三个主体（Polanyi，1957）。近年来，即使在个人主义盛行的西方国家，家庭对年轻一代住房选择的影响也愈发重要（Mulder，2007；Cigdem and Whelan，2017）。基于不同国家的实证研究，如英国（Coulter，2018）、法国（Spilerman and Wolff，2012）、荷兰（Mulder and Smits，1999，2013）、瑞典（Öst，2012）、德国（Kurz，2004）、美国（Henretta，1984；Aratani，2011）和智利（Stillerman，2017），均发现代际支持在青年住房产权获得中的重要性与日俱增。在中国传统家庭文化中，原生家庭对成年子女的住房状况一直产生着重要影响（王春光，2010；Or，2018）。然而，在住房改革前的福利分房时期，城市居民的住房由政府和工作单位提供，家庭因素对住房结果产生的直接影响很小。如今随着住房市场化的不断深化，原生家庭所能提供的资源差异对青年住房结果的影响再次凸显（谌鸿燕，2017；吴开泽，2017；黄建宏，2018b；范晓光和吕鹏，2018；Or，2018；Deng et al.，2019；张延吉等，2019）。一方面，在住房价格大幅上涨的背景下，青年既无法像父辈一样从国家、单位获得住房福利（刘祖云和胡蓉，2010），也尚未通过市场积累足够的财富，更多依靠原生家庭提供住房支持来满足住房刚需（Chen and Yang，2017；聂晨和方伟，2017）。另一方面，由于社会保障体系的不健全，父母愿意为子女提供经济和住房支持，并希望子女能够在其老年时提供照料和赡养（Deng et al.，2019；Liu et al.，2017）。此外，父母一代更可能受益于住房市场化改革，积累更多的资产（Huang and Yi，2011），同时由于独生子女政策，父母一代拥有更少的子女，这加强了年轻一代与其父母之间的联系（Or，2018）。

年轻夫妇的住房状况受到夫妻双方原生家庭的影响。与依靠自己及父母资源购置住房的单身青年相比，年轻夫妇一方面通过结合夫妻双方的社会经济资源，另一方面通过汇集夫妻双方父母的代际支持（Mulder and Smits，1999），在住房市场中具有更强的竞争优势。在中国大城市高房价和婚房刚性需求的背景下，城市中年轻一代住房产权的获得逐渐演变为包含原生家庭在内的集体购房行为（浩春杏，2007），除了丈夫的父母，妻子的父母也逐渐参与进来（孙立平，2007；吴银涛等，2012）。在社会性别角色分工下，男女双方原生家庭往往承担着不同的责任，住房的代际传递存在明显的性别差异。以前，传统观念中，财产以男性继承为主导，男性也被认为有责任为新组建的家庭提供物质保障，特别是稳定的居所，因此，男性及其原生家庭普遍作为婚后住房的主要提供者，在青年家庭的住房获得中产生最重要的影响（殷文和沈晓燕，2018）。但是随着男女平等观念的普及和独生子女家庭数量的增多，男性和女性社会角色分工间的界限逐渐模糊，父母向儿子、女儿的家庭资源和社会经济地位的传递差距逐渐缩小，夫妻双方原生家庭对青年家庭住房产生影响的差异仍需进一步分析。因此，本章探究原生家庭的社会经济地位和住房情况对青年家庭的住房产权获得的影响及其机制，并比较青年家庭中夫妻双方原生家庭的影响差异。

4.2 代际传递影响住房产权获得的机制梳理

4.2.1 代际传递的机制

原生家庭的住房支持对年轻一代住房获得越来越重要（Lee et al.，2018；Mckee，2012；Mulder et al.，2015；Or，2018；Öst，2012；Ronald and Lennartz，2018）。已有研究发现原生家庭影响青年子女的住房产权获得主要有三个机制：住房物质支持、父母社会经济属性的影响、住房产权的同化效应（Henretta，1984；Boehm and Schlottmann，1999；Helderman，2007；Mulder et al.，2015；Köppe，2018；Galster and Wessel，2019）。住房物质支持是指父母给予子女经济资源来帮助他们获得住房产权，包括馈赠、遗赠、抵押担保贷款等多种方式（Helderman and Mulder，2007）。以往研究通常将父母的住房产权当作重要的经济能力指标，认为拥有自有产权的父母往往拥有更多的积蓄或财富，因而更有意愿和能力为子女提供帮助（Mulder and Smits，2013）。父母的社会经济属性（如受教育程度、职业等）的影响则更为间接，社会经济地位相对较高的父母往往拥有更多的社会、政治资源来支持子女获得更好的住房机会（Mulder et al.，2015）。住房产权的同化效应是指获得住房产权的父母会塑造子女对未来家庭拥有自有产权住房的期望和偏好，并为其提供相关信息和渠道（Semyonov and Lewin-Epstein，2001）。

基于文献梳理和已有研究，我们构建了代际传递影响住房产权获得的机制（图 4-1）。父母的住房产权作为父母财富和财富代际转移可能性的指标，对成年子女的住房产权结果有直接和积极的影响（Coulter，2018；Kurz and Blossfeld，2004；Öst，2012）。在过去 20 年里，中国的房价增长速度远快于居民收入的增长速度，一般情况下，拥有自有住房的父母比没有自有住房的父母积累了更多的财富，因此更有能力为他们的子女在购买房子上提供经济帮助。此外，拥有自有住房的父母也可通过金融机构提供抵押贷款，以帮助子女购买房子。即使是在私人贷款方面，拥有自有住房的父母也更容易筹集资金，因为他们的住房可以被用作非正式抵押。没有住房的父母可能不仅不能提供经济支持，而且会给成年子女施加经济负担，从而降低子女拥有住房的可能性。

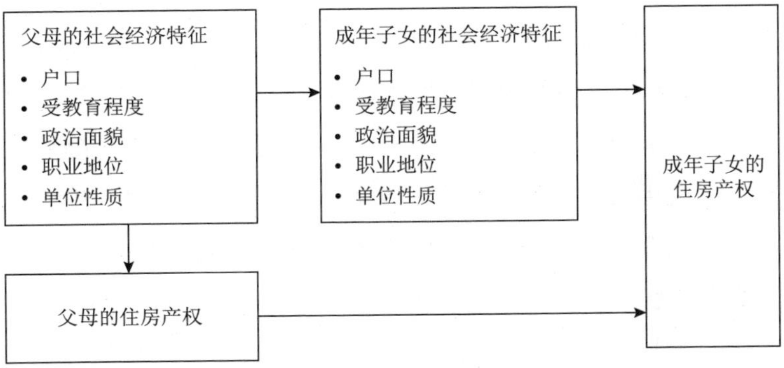

图 4-1 代际传递的理论框架

社会经济地位的代际传递被认为是家庭背景影响年轻人住房结果的一种间接机制。改革开放以来，社会经济差异加剧，因此我们假设父母会通过对子女人力资本的投资以及社会经济资源的代际传递将自身社会经济地位的优势或劣势传递给子女，从而导致青年子女获得自有住房的能力存在差异，进而导致不同的住房结果。本节选取了五个代表社会经济地位的变量，分别是户口、受教育程度、政治面貌、职业地位和单位性质，它们已经被广泛应用于中国城市住房研究中（Huang and Clark，2002；Li，2003；蔡禾和黄建宏，2013；Cui et al.，2015）。其中，户口作为中国特殊的制度性因素，与城市住房获得密切相关。在本节研究中，户口包括四种类型：上海城镇户口、上海农业户口、非上海城镇户口和非上海农业户口。作为人力资本的重要指标，受教育程度对自有产权住房获得具有显著的正向影响。政治面貌、职业地位和单位性质在再分配时期对个体住房结果产生重要影响，因此在本节研究中，我们假设这些制度性因素对父母的住房产权获得影响更加显著。

4.2.2 代际传递的性别差异

随着家庭制度中传统的父权制在现代化发展的冲击下产生了新变化，在继承链中，新组建的青年家庭既是男性配偶家庭的继承单位，也是女性配偶家庭的继承单位（Hareven，1976；王跃生，2020）。在竞争激烈的住房市场中，年轻夫妇的住房结果越来越受到双方父母的影响，但在社会性别规范下，即男性和女性的父母可能在年轻夫妇获得住房产权的过程中扮演不同的角色。基于此，我们分别构建了丈夫方和妻子方的住房影响机制（图 4-2）。

在图 4-1 框架的基础上，考虑了父母住房产权的空间维度（Galster and Wessel，2019）。经过 40 多年的市场改革和住房改革，住房资产已成为家庭财富的最大组成部分（甘犁等，2013），而中国城市已形成一个较为稳定的等级体系，不同等级的城市之间房价差异巨大（Gong，2017），因此来自不同等级城市的父母累积的住房财富存在较大差异。来自较高城市等级的父母往往有更强的经济能力帮助子女，家庭财富的城乡差异使得农村的原生家庭提供给子女的资源更加有限。年轻一代积极地沿着城市层级向上移动（Cui et al.，2016b），如从农村到城市、从小城市到大城市，但他们的父母给予的经济援助可能比目的地城市的年轻本地居民父母少得多（Cui et al.，2016a；Deng et al.，2020）。考虑到住房价值的空间不平等导致父母住房资产的差异，父母在不同地区的住房自有率表明了父母提供支持的能力的差异。因此，父母的住房产权从两个维度表征，包括产权类型（是否拥有房产）和所在地（是否在上海）。在上海（本地）拥有自有住房的父母提供的支持不同于在其他城市拥有自有住房的父母，前者积累了更多的财富且这些财富可以转移给他们的成年子女。当面对住房市场的竞争时，为了给成年子女提供住房，上海本地父母甚至可以分享或出售自有住房；而上海外来人口通常无法通过父母继承上海的自有住房。

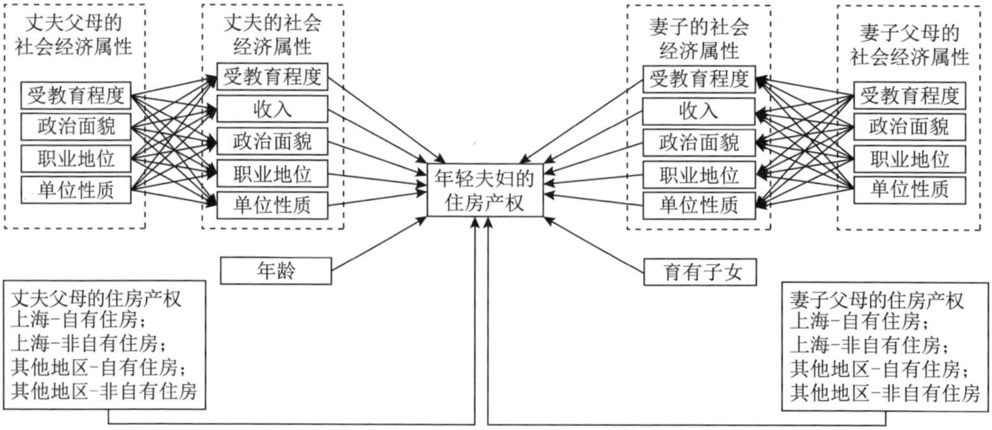

图 4-2　代际传递性别差异的理论框架

4.3　基于上海的实证研究设计

使用 FYRST 2013 年的数据，以上海市“80 后”青年家庭为研究对象，试图回答以下问题：①原生家庭背景和住房状况是否影响青年的住房产权获得？②其影响机制是怎样的？③丈夫和妻子的原生家庭如何影响青年家庭的住房产权获得？④住房代际传递是否存在性别差异？

第 4.4 节采用结构方程模型分析原生家庭背景对青年住房产权获得的直接和间接影响。最终的因变量 O_i 是受访青年在受调查时拥有当前居所住房产权的概率。模型涵盖三组自变量[式（4-1）]：S_i 代表青年的社会经济属性，包括受教育程度、职业地位、户口和政治面貌；C_i 为控制变量，包括年龄、性别、婚姻状况、是否育有子女等；PO_i 表示父母是否有房。此外，模型中还包括性别和父母的住房产权的交互项，以研究子女和父母住房产权之间关系的性别差异。成年子女的社会经济属性 S_i 不仅是一个自变量，而且是一个中介变量，受父母社会经济属性 PS_i 的影响[式（4-2）]。值得注意的是，父母的住房产权 PO_i 是由其自身社会经济属性 PS_i 决定的[式（4-3）]。

$$\ln\left(\frac{O_i}{1-O_i}\right)=\alpha_0+\alpha_1 S_i+\alpha_2 C_i+\alpha_3 \mathrm{PO}_i+\alpha_4 \mathrm{PO}_i\times G_i \tag{4-1}$$

$$S_i=\beta_0+\beta_1 \mathrm{PS}_i+\varepsilon_{1i} \tag{4-2}$$

$$\mathrm{PO}_i=\gamma_0+\gamma_1 \mathrm{PS}_i+\varepsilon_{2i} \tag{4-3}$$

另外，第 4.5 节采用广义结构方程模型分析住房代际传递中的性别差异。因变量为城市青年家庭的住房产权状况，包括“有自有产权住房”和“无自有产权住房”，式（4-4）中 P_i 是调查时年轻夫妇在上海拥有自有住房的可能性。五组自变量[式（4-4）]中，HS_i 和 WS_i 分别表示丈夫和妻子的社会经济属性，包括受教育程度、收入、政治面貌、职业地位、单位性质。其中，“受教育程度高”对应的学历为大专及以上。HPO_i 和 WPO_i 分别表示丈夫父母和妻子父母是否有自有住房；拥有自有产权住房是父母财富的重要表征，拥有自有产权住房的父母往往更有能力为子女购房提供经济支持。C_i 为控制变量，包括年轻夫妇的年龄以及他们是否育有子女，其在已有研究中被证实与住房产权的变化密切相关（Clark et al., 1994；Mulder and Wagner，1998）。

$$\ln\left(\frac{P_i}{1-P_i}\right)=a_0+a_1\mathrm{HS}_i+a_2\mathrm{WS}_i+a_3\mathrm{HPO}_i+a_4\mathrm{WPO}_i+a_5C_i \tag{4-4}$$

$$\mathrm{HS}_i=\beta_0+\beta_1\mathrm{HPS}_i+\varepsilon_{1i} \tag{4-5}$$

$$\mathrm{WS}_i=\gamma_0+\gamma_1\mathrm{WPS}_i+\varepsilon_{2i} \tag{4-6}$$

丈夫和妻子的社会经济属性（HS_i 和 WS_i）同时起着中介作用，分别受到其父母的社会经济属性（HPS_i 和 WPS_i）的影响[式（4-5）和式（4-6）]。父母的社会经济属性包括受教育程度、政治面貌、职业地位以及单位性质。由于教育普及率的上升和高等教育扩招等原因，父代和子代之间整体的受教育程度存在明显差异，因此本节按不同标准对夫妻及其双方父母的受教育程度进行了划分，对于父母而言，大专及以上被认为受教育程度较高。父母的政治面貌为 1 表示父母中至少有一位党员。父母至少一人职业为管理层时，其赋值为 1。单位性质为 1 表示父母中至少有一位在体制内单位工作。由于子女与其父母的户口状态高度相关，因此未将父母户口状况纳入模型。

4.4 青年群体住房产权获得的代际传递

4.4.1 受访者及其父母样本特征

表 4-1 显示了青年及其父母的概况。为了揭示性别差异，分别对男性和女性样本的人口特征进行总结。可以看到，样本中女性已结婚生子的比例比男性高。与经典的劳动力市场调查结果相一致，女性的收入比男性少 15%左右。79.10%的男性和 69.70%的女性在调查时都拥有上海户口。由于中国过去 20 年大规模的城市化，年轻一代中持有农业户口的比例远低于父辈。年轻一代的受教育程度比他们的父母一代更高；而对于父母一辈而言，大专已被认为是受教育程度较高，故

在对两代人的受教育程度进行划分时，采用了不同的划分标准。从相对流动性的角度来看，向上流动是有限的(大约70%的成年子女与他们的父母属于同一类别)。相比于父母一代，青年中虽然受教育程度更高，但成为党员的占比更少。比较两代人的职业结构，可以发现近20年来产业结构发生了明显的变化，第一产业萎缩，第三产业兴旺。此外，年轻一代中在体制内工作的较少。本次研究的关键变量——住房自有率，在年轻一代中为76.40%（男）和75.8%（女），远高于他们的父母[45.10%（男）、45.70%（女）]。

表4-1　受访者及其父母的基本情况

受访者	男（1072人）	女（1188人）	受访者父母	男（1072人）	女（1188人）
年龄	28.4	28.7			
已婚占比/%	45.30	62.90	来源地占比/%		
生育状况（育有子女）占比/%	33.40	50.80	集镇和农村	44.80	50.30
个人收入/元	66 717	56 575	地级市、县级市和县	9.80	11.90
车辆拥有率/%	28.30	33.90	直辖市、省会城市	45.40	37.90
户口占比/%			户口占比/%		
上海城镇户口	70.20	61.50	上海城镇户口	48.00	40.20
上海农业户口	8.90	8.20	上海农业户口	44.80	50.30
非上海城镇户口	8.30	12.40	非上海城镇户口	27.20	24.70
非上海农业户口	12.60	18.00	非上海农业户口	7.00	8.50
受教育程度占比/%			受教育程度占比/%		
低（大专及以下）	64.30	61.60	低（高中及以下）	89.00	88.70
高（本科及以上）	35.70	38.90	高（大专及以上）	11.00	11.30
政治面貌（党员）占比/%	9.90	12.00	政治面貌（党员）占比/%	18.10	17.90
职业占比/%			职业占比/%		
管理者	9.90	8.00	管理者	7.50	7.30
专业技术和办事人员	36.90	40.40	专业技术和办事人员	21.80	22.10
服务业从业人员	44.40	37.30	服务业从业人员	41.90	38.90
农林牧渔从业人员	1.70	1.40	农林牧渔从业人员	23.60	27.70
未就业	4.90	11.20	未就业	0.90	0.70
其他	2.20	1.70	其他	4.30	3.30
单位性质占比/%			单位性质占比/%		
体制内	31.00	26.40	体制内	46.40	42.20
体制外	69.00	74.00	体制外	53.60	57.80
住房自有率/%	76.40	75.80	住房自有率/%	45.10	45.70

4.4.2 代际传递对住房产权获得的影响因素分析

基于理论框架（图 4-1），我们利用结构方程模型分析代际传递对住房产权获得的影响（表 4-2）。首先，在子女的社会经济属性对住房产权获得的影响方面，家庭事件（结婚和孩子出生）会提高住房自有的概率。户口状况对住房产权获得有着至关重要的影响。不论是城镇还是农村，拥有上海户口的本地人口都比外来人口更有可能拥有住房。住房产权和户口之间一直有着密切的联系。在 21 世纪初之前，买房是获得当地户口的一个渠道。2010 年之后，上海出台了一系列旨在为住房市场“降温”的政策，以限制没有本地户口的人在上海购房，这导致外来人口成为自有住房者的可能性变得更低。子女的其他社会经济属性，包括受教育程度、政治面貌、职业地位和单位性质，对他们的住房产权获得没有显著影响。受教育程度不显著的可能原因是“80 后”受访者被调查时的年龄为 24～33 岁，人力资本还未有足够的时间在劳动力市场转化为财富。高学历也推迟了个体进入住房市场的时间，在房价快速上涨的情况下，延迟了住房自有的时间并增加了难度。同时，自 20 世纪 90 年代末以来，高等教育的扩张有可能降低了教育的市场回报。此外，政治面貌为党员、单位管理岗位或公有部门工作带来的体制内优势并不能保证年轻一代拥有跟父辈相同的住房机会。

表 4-2 的第 18～26 行显示了父母的社会经济属性对子女住房产权获得的影响。户口制度的影响是有限的，只有非上海城镇户口与拥有住房正相关。父母的受教育程度、职业地位和单位性质对其住房产权获得有较大影响。住房改革前，公有部门员工，特别是管理者，享有获得包括住房在内的资源的特权。个体出生时就被赋予户口，户口可以被认为是一种身份，但后来可能也会发生改变。相比之下，受教育程度、政治面貌、职业地位和单位性质则是地位获得的典型指标。对于年轻人来说，他们出生于怎样的家庭比他们以后的生活成就更加影响他们的住房结果。然而，对于父母来说，情况恰恰相反。

表 4-2 的第 27～46 行展示了社会经济属性从父母到子女的传递，具体来说是受教育程度、政治面貌、职业地位和单位性质的传递。可以看到，特别是父母的高等受教育程度，有助于孩子的受教育程度的提高、加入中国共产党、在公有部门工作。父母是中共党员增加了子女接受高等教育、成为中共党员的可能性。父

母的管理者身份对孩子的受教育程度和职业地位也很重要，但它阻碍了子女在公有部门的工作。最后，在公有部门工作的父母与子女的受教育程度和单位性质之间存在显著的关联。总之，子女与父母的社会经济属性保持较高的一致性，这意味着社会经济地位的代际传递作用显著，社会流动性也就受到了限制。

表 4-2　代际传递对住房产权获得影响结构方程模型结果

路径	所有样本
Y：子女自有住房	
性别（男性，参照组：女性）	−0.337**
年龄	0.001
已婚	0.597***
育有子女	0.322*
户口（参照组：上海城镇户口）	
上海农业户口	1.175***
非上海城镇户口	−2.279***
非上海农业户口	−2.273***
受教育程度（高，参照组：低）	−0.072
政治面貌（是党员，参照组：非党员）	−0.127
年收入（取对数）	−0.026
职业地位（管理者，参照组：其他）	0.087
单位性质（体制内，参照组：其他）	0.136
父母自有住房	0.092
性别×父母自有住房	0.389*
M：父母自有住房	
户口（参照组：上海城镇户口）	
上海农业户口	0.111
非上海城镇户口	0.587***
非上海农业户口	−0.025
父母受教育程度（高，参照组：低）	0.293*
父母是中共党员	0.129
父母的职业地位（管理者，参照组：其他）	0.318*
父母的单位性质（体制内，参照组：其他）	0.445***

续表

路径	所有样本
M：子女受教育程度	
父母受教育程度（高，参照组：低）	1.062***
父母是中共党员	0.642***
父母的职业地位（管理者，参照组：其他）	0.344*
父母的单位性质（体制内，参照组：其他）	0.792***
M：子女是中共党员	
父母受教育程度（高，参照组：低）	0.358*
父母是中共党员	0.692***
父母的职业地位（管理者，参照组：其他）	0.086
父母的单位性质（体制内，参照组：其他）	0.216
M：子女的职业地位	
父母受教育程度（高，参照组：低）	0.165
父母是中共党员	–0.146
父母的职业地位（管理者，参照组：其他）	0.672***
父母的单位性质（体制内，参照组：其他）	0.146
M：子女的单位性质	
父母受教育程度（高，参照组：低）	0.284*
父母是中共党员	0.144
父母的职业地位（管理者，参照组：其他）	–0.460
父母的单位性质（体制内，参照组：其他）	0.681***
N	2 260
Log likelihood	–7 559.204
AIC	15 228.41
BIC	15 543.18

* $p< 0.10$，** $p< 0.05$，*** $p< 0.01$。

模型结果显示，子女性别和父母住房产权的交互项在统计学上显著，这表明住房产权的代际传递存在性别差异。在没有住房产权的父母样本中，男性（–0.337）比女性（参照组）拥有房屋的可能性要低得多；在拥有住房父母的样本中，男性（0.337+0.092+0.389+0.144）比女性（0.090）更有可能成为房主。也就是说，男性和父母之间的住房关系要比女性和父母之间的住房关系强得多。除了使用父母的住房产权作为自变量之外，我们还纳入父母拥有的房产数量，结果显示出显著的积极影响。但是，本研究的重点在住房产权和非所有权之间的差异上，我们仅呈现使用二元变量表示父母住房权属的模型结果。

表 4-3 列出了父母的社会经济属性对成年子女住房产权获得的间接影响，包括社会经济传递和父母的住房产权。结果表明，尽管社会经济地位的代际传递很强，但父母对成年子女住房产权获得的间接影响微乎其微，主要的原因是成年子女自身的社会经济属性对其住房结果的影响也很小。

表 4-3　父母的社会经济属性对成年子女住房产权获得的间接影响

变量	间接效应	
	通过社会经济传递	通过父母自有住房
父母的社会经济属性		
父母户口（参照组：上海城镇户口）		
上海农业户口	−39.768	−0.010
非上海城镇户口	−84.963	0.054
非上海农业户口	−73.093	−0.002
父母受教育程度（高，参照组：低）	−0.069	0.027
父母是中共党员	−0.118	0.012
父母的职业地位（管理者，参照组：其他）	−0.040	0.029
父母的单位性质（公有部门，参照组：其他）	0.021	0.041

4.5　城市青年家庭住房产权获得的代际传递的性别差异

4.5.1　代际传递的性别差异状况

表 4-4 展示了样本中年轻夫妇的基本情况。丈夫的平均年龄是 31.28 岁，大约比妻子大两岁，73.53%的年轻夫妇有孩子。丈夫的社会经济地位略高，表现为持有上海户口、是中共党员、是管理者和在公有部门工作的比例较高，以及年收入更高。在受教育程度方面，妻子略高于丈夫。此外，夫妻双方的父母拥有住房

的比例几乎相同，约为49.00%。丈夫的父母具有更多的制度优势，表现为拥有上海户口、是中共党员和在公有部门工作的父母数量更多，而妻子的父母则表现出更强的市场能力，表现为受教育程度和职业地位较高。

表4-4　年轻夫妇样本特征（N=1001）

变量	丈夫		妻子	
	数量	占比/均值	数量	占比/均值
成年子女				
年龄		31.28		29.22
育有子女	736	73.53%	736	73.53%
上海户口	678	67.73%	606	60.54%
受教育程度（高：本科及以上）	606	60.54%	615	61.44%
年收入/元		116 320.20		85 229.33
中共党员	127	12.69%	100	9.99%
职业地位（管理者）	473	47.25%	469	46.85%
单位性质（公有部门）	283	28.27%	240	23.98%
父母				
自有住房	497	49.65%	494	49.35%
上海户口	699	69.83%	575	57.44%
受教育程度（高：大专及以上）	398	39.76%	410	40.96%
中共党员	192	19.18%	166	16.58%
职业地位（管理者）	183	18.28%	200	19.98%
单位性质（公有部门）	399	39.86%	322	32.17%

1. 年轻夫妇及其父母的住房产权

FYRST调查提供了有关年轻夫妇的住房类型以及他们如何获得住房的信息。调查结果显示，年轻夫妇的住房类型共有五种：①出租房（包括公共和私人出租住房）和宿舍；②购买的商品房（包括全部或共有产权的一手商品房和二手商品房）；③私有化住房（包括单位住房、集体住房、经济适用房和其他补助住房）；④安置房；⑤其他家庭成员的住房，包括继承的住房以及父母、亲戚和朋友的住房。在这五种类型中，购买的商品住房、私有化住房和重新安置住房被确定为所有者居住的住房。

年轻夫妇中，有自有住房的占 66%以上，仅有 26.77%的年轻夫妇居住在出租住房和宿舍中（其中，67.91%为私人出租住房，28.73%是公租房）。在自有住房中，有 48.95%的年轻夫妇购买了一手或二手商品住房，有 12.39%的年轻夫妇通过拆迁安置获得了住房，4.9%的年轻夫妇居住在房改房中。这表明市场已成为获得住房产权的主要途径，与老一代相比，年轻一代从住房改革中获利的机会更少。

表 4-5 显示了年轻夫妇的住房产权与父母的住房产权之间的联系。已有研究指出不仅父母是否拥有住房重要，在哪里拥有住房更为重要（Galster and Wessel，2019）。因此，本研究结合父母的住房产权及其户口是否在上海，将父母住房状况分为四种类型：上海-自有住房、上海-非自有住房、其他区域-自有住房和其他区域-非自有住房。如果丈夫的父母拥有上海户口，无论其是否拥有自有住房，年轻夫妇拥有自有住房的比例都高于 82%。较为意外的是，当丈夫的父母是上海本地人口且拥有自有住房时，年轻夫妇拥有自有住房的比例反而比那些父母是上海本地人口但没有自有住房的比例低，这有可能是年轻夫妇与丈夫父母同住的缘故。对于妻子的父母而言，拥有上海户口也很重要。当妻子的父母为上海户口时，无论其是否拥有自有住房，年轻夫妇拥有自有住房的比例都高于 83%，但当妻子父母为非上海户口时，无论其是否拥有自有住房，超过 40%的年轻夫妇拥有自有住房。这意味着父母的户口所在地，特别是丈夫的户口所在地与年轻夫妇的住房产权之间的关联比父母是否拥有自有住房要更强。

表 4-5　年轻夫妇的住房产权与父母的住房产权

分类	年轻夫妇的住房产权状况		所有样本
	自有住房占比/%	非自有住房占比/%	
丈夫父母的住房产权			
上海-自有住房	82.46	17.54	382
上海-非自有住房	87.70	12.30	317
其他区域-自有住房	28.70	71.30	115
其他区域-非自有住房	24.06	75.94	187
共计			1001

续表

分类	年轻夫妇的住房产权状况		所有样本
	自有住房占比/%	非自有住房占比/%	
妻子父母的住房产权			
上海-自有住房	88.22	11.78	314
上海-非自有住房	83.52	16.48	261
其他区域-自有住房	41.11	58.89	180
其他区域-非自有住房	41.46	58.54	246

2. 年轻夫妇的住房产权及其父母的社会经济属性

如表 4-6 所示，χ^2 检验结果表明，年轻夫妇的住房产权与其父母的社会经济属性之间的关系显著（$p<0.01$）。总体而言，父母的社会经济地位越高，年轻夫妇成为房主的可能性就越大。在较大程度上，一方（丈夫或妻子）父母较高的社会经济地位能够提高年轻夫妇成为房主的可能性，但丈夫父母的社会经济地位的影响比妻子父母更大。当夫妻双方父母的社会经济地位均较高时，年轻夫妇成为房主的可能性小幅增加。此外，夫妻双方父母社会经济属性的相似比例超过 65%，同质婚姻匹配现象明显。

表 4-6　年轻夫妇的住房产权与父母的社会经济属性

父母的社会经济属性	年轻夫妇的住房产权		χ^2 检验	所有样本
	自有住房占比/%	非自有住房占比/%		
受教育程度				
都低	54.12	45.88		425
只有丈夫父母高	77.71	22.29	57.23^{***}	166
只有妻子父母高	73.03	26.97		178
都高	78.45	21.55		232
中共党员				
都不是	63.32	36.68		687
只有丈夫父母是	75.68	24.32	16.10^{***}	148
只有妻子父母是	71.31	28.69		122
都是	84.09	15.91		44

续表

父母的社会经济属性	年轻夫妇的住房产权		χ^2 检验	所有样本
	自有住房占比/%	非自有住房占比/%		
职业地位				
都不是管理者	61.69	38.31		676
只有丈夫父母是管理者	78.40	21.60	26.95^{***}	125
只有妻子父母是管理者	78.17	21.83		142
都是管理者	77.59	22.41		58
单位性质				
都不在公有部门	56.03	43.97		539
只有丈夫父母在公有部门	76.43	23.57	66.68^{***}	140
只有妻子父母在公有部门	74.60	25.40		63
都在公有部门	83.01	16.99		259

*** $p< 0.01$。

4.5.2　代际传递存在性别差异的影响因素分析

基于理论框架（图 4-2），我们使用结构方程模型进行了研究（表 4-7）。结果显示，父母获得住房产权对年轻夫妇获得自有住房具有直接影响，其中的性别差异显著。从丈夫角度来看，与父母是本地人但不拥有自有住房相比，父母是本地房主的青年家庭成为房主的可能性更小。可能的原因是无论男方父母是否拥有住房都会积极进入住房市场为儿子购置婚房，但是高房价使得越来越多的青年婚后居住在男方父母的住房中以节省开支，从而抑制了其对独立住房产权的需求。相反，从妻子角度来看，父母在本地拥有住房表明年轻夫妇成为房主的可能性更高。然而如果父母不是本地人，不论父母是否拥有住房，其都与年轻夫妇的住房产权获得负相关。如果这种影响在丈夫这一方更强，即丈夫的来源地在影响年轻夫妇的住房结果方面具有决定性作用。

此外，表 4-7 展示了父母的社会经济属性如何通过代际传递影响子女的社会经济地位进而影响子女住房产权的获得。与上文研究结果一致，父母的受教育程度对子女的学历、年收入和政治面貌有较大影响。同时，妻子父母的受教育程度高也大大增加了妻子在公有部门工作的概率。父母的政治面貌为党员，特别是妻子父母的政治面貌为党员，对子女受教育程度产生积极影响。此外，政治面貌在妻子这一方存在显著代际传递。父母的职业地位影响有限，只有丈夫的职业地位受父母的职业地位影响较大。就单位性质而言，夫妻父母都在公有部门工作与夫妻的受教育程度和单位性质呈正相关，且这种关系在丈夫一方稍强。此外，丈夫父母在公有部门工作大大提高了丈夫获得较高年收入并成为管理者的可能性。总而言之，代际传递是显著的，但具有性别差异。

基于表 4-7 的模型结果，我们在表 4-8 中考察了父母的社会经济属性对年轻夫妇住房产权获得的间接影响。结果表明，丈夫父母的受教育程度和单位性质显著影响年轻夫妇通过代际传递获得住房。从妻子一方来看，尽管社会经济属性存在代际传递，但只有父母的单位性质对年轻夫妇的住房产权的间接影响显著。

表 4-7　年轻夫妇住房产权影响因素的结构方程模型结果

	丈夫	妻子
Y：年轻夫妇的住房产权		
父母住房产权（参照组：上海-自有住房）		
上海-非自有住房	0.789***	–0.679**
其他区域-自有住房	–1.925***	–0.902***
其他区域-非自有住房	–2.018***	–0.710**
受教育程度（高，参照组：低）	0.664***	0.448*
年收入（取对数）	0.232*	–0.282**
政治面貌（是党员，参照组：非党员）	0.470	–0.101
职业地位（管理者，参照组：其他）	0.533*	0.273
单位性质（公有部门，参照组：其他）	0.316	0.102
年龄	0.041**	
育有子女	0.610***	
M：成年子女的受教育程度		
父母的受教育程度（高，参照组：低）	1.255***	0.961***
父母的政治面貌（是党员，参照组：非党员）	0.569**	1.108***
父母的职业地位（管理者，参照组：其他）	–0.119	0.358
父母单位性质（公有部门=1）	1.278***	0.883***

续表

	丈夫	妻子
M：成年子女的年收入		
父母的受教育程度（高，参照组：低）	0.150***	0.103**
父母的政治面貌（是党员，参照组：非党员）	0.065	0.100
父母的职业地位（管理者，参照组：其他）	−0.146	0.005
父母单位性质（公有部门，参照组：其他）	0.112**	0.047
M：成年子女的政治面貌		
父母的受教育程度（高，参照组：低）	0.351*	0.840***
父母的政治面貌（是党员，参照组：非党员）	0.385	0.881***
父母的职业地位（管理者，参照组：其他）	0.004	0.280
父母单位性质（公有部门，参照组：其他）	0.189	0.103
M：成年子女的职业地位		
父母的受教育程度（高，参照组：低）	0.124	0.361
父母的政治面貌（是党员，参照组：非党员）	−0.445	−0.232
父母的职业地位（管理者，参照组：其他）	0.800**	0.524
父母单位性质（公有部门，参照组：其他）	0.455**	0.148
M：成年子女的单位性质		
父母的受教育程度（高，参照组：低）	0.130	0.507***
父母的政治面貌（是党员，参照组：非党员）	0.292	0.205
父母的职业地位（管理者，参照组：其他）	−0.005	−0.015
父母单位性质（公有部门，参照组：其他）	1.009***	0.337*
Log likelihood	−6 223.855	
AIC	12 589.710	
BIC	12 938.230	

* $p< 0.10$，** $p< 0.05$，*** $p< 0.01$。

表 4-8　父母的社会经济属性对年轻夫妇住房产权获得的间接影响

路径	代际传递的间接影响	
	丈夫	妻子
父母的受教育程度（高=1）	1.140***	0.467
父母的政治面貌（是党员=1）	0.428	0.337
父母的职业地位（管理者=1）	0.314	0.272
父母的单位性质（公有部门=1）	1.524***	0.447*

* $p< 0.10$，*** $p< 0.01$。

4.6 小　　结

经过 30 多年的住房市场化改革，住房已成为衡量中国社会分化的一个重要维度。随着住房市场化改革和城市房价的不断上涨，青年群体面临的住房产权获得问题日益凸显，原生家庭的支持在年轻人获得住房产权的过程中发挥着越来越重要的作用（Or，2018；Cui et al.，2020）。这种代际支持已经成为住房不平等在代际再生产的重要途径。因此，本章重点探讨了原生家庭提供的支持在造成年轻一代住房不平等方面的作用，特别是丈夫和妻子双方父母对年轻夫妇住房结果影响的差异。

本章首先考察了父母拥有住房对年轻人住房产权获得的直接影响与通过社会经济属性代际传递的间接影响。研究结果表明，经过 30 多年的住房市场化改革，原生家庭背景已成为影响青年住房结果的主要因素之一，住房不平等在代际得到再生产或强化（Zhu，2018）。一方面，父母在住房改革时期积累的住房优势或劣势会传递给子女，从而直接影响子女的住房产权获得；另一方面，父母可以通过提升子女的社会经济地位，从而间接影响子女的住房产权获得，但是通过社会经济地位代际传递的间接影响是有限的。

在住房产权获得方面，本地人口与外来人口的分化显著，而住房的代际传递会加剧甚至固化这种差异。年轻一代正积极地沿着城市层级向上移动，来自较低层级城市的外来人口正与占据较高阶层的本地人口展开竞争，但本地人口在住房生涯刚开始的时候就处于优势地位（Cui，2020）。上海本地人口的父母更有可能从早期住房分配和随后的住房改革中受益，并通过直接或间接的方式将其住房优势转移给成年子女，而没有本地户口的家庭帮助子女获得自有住房的能力较低，加剧了本地人口和外来人口之间的住房差距。此外，自 2010 年以来，在全国大中城市先后出台的住房限购政策限制了非本地户籍家庭的购房行为，这也加剧了本地人口与外来人口之间的住房分化。由于住房在家庭储蓄和财富积累上发挥着核心作用，特别是在房价高涨、产权获得难度增加的情况下，住房不平等在代际的再生产和强化将会加剧城市中的社会分化甚至是极化，进而阻碍社会流动。

其次，本章揭示了代际传递视角下，夫妻双方父母的背景对上海年轻夫妇住房产权获得影响的性别差异。研究结果表明，夫妻双方父母的背景都对年轻夫妇的住房产权获得有影响，但通过财富的直接传递和社会经济属性的间接传递的方式不同。当妻子父母至少有一位是上海本地人时，住房产权的代际连续性凸显。但在丈夫父母至少有一位是上海本地人的情况下，父母的住房自有率与丈夫的住房自有率呈负相关。可能的解释之一是，如果丈夫父母在上海已经有房，其可能在婚后与丈夫父母一起生活，以节省开支。对长三角 7 个城市的 80 后调查显示，当地户口出生的年轻人中，56.5%的人住在自己父母或配偶父母拥有的房子里（宋程，2020）。另一种解释则相反。由于拥有住房普遍被认为是结婚的先决条件，男方家庭被认为承担主要责任，本地父母可能会卖掉自己的房子为儿子置换婚房，在这种情况下，许多父母和他们的成年子女一起住在新的住所。

与男方家庭相比，女方家庭如果拥有本地户口或自有产权住房等优势条件，更有可能为青年家庭住房产权获得提供支持，提高获得住房的概率。家庭背景较好的女方在进入婚姻市场时可能利用自身“性别资本”（gender capital）提高对男方经济实力或住房条件的要求（Zheng，2020），以稳固或提升自身的地位，这可能导致妻子一方表现出更强的代际住房连续性。通过这一过程，自身或父母拥有住房优势（或劣势）的男性或女性会匹配形成新家庭，新家庭往往继承夫妻双方家庭所拥有的住房优势（或劣势），这使得不同家庭在住房市场中竞争力差距进一步增大。

在社会经济地位代际传递的间接影响方面，丈夫父母的受教育程度和单位性质与青年家庭的住房产权存在显著关系，妻子父母的社会经济属性中，只有单位性质对年轻夫妇的住房产权具有显著的间接影响。然而，这并不意味着可以忽视社会经济地位的代际传递。相反，受教育程度和单位性质的代际连续性显著；夫妻双方的年收入受到父母受教育程度的影响；在丈夫一方，在公有部门工作的父母也对其收入有影响。职业的代际传递性在丈夫一方是显著的，而对妻子来说，政治面貌的代际传递性是显著的。但是这种社会地位优势的代际传递可能不会有效地转化为住房市场上的优势，因为年轻夫妇的社会经济属性对其住房结果的影响有限。

在拥有住房成为社会规范以及住房价格难以负担的背景下，年轻男性在住房获得上更多地依赖其原生家庭，青年家庭和原生家庭间的界限越来越模糊。此外，女性在婚姻市场上讨价还价的能力催生出“丈母娘经济”（李斌等，2018），是否拥有自有住房已经成为女方择偶的重要标准之一，促使男方及其家庭进入住房市场进行竞争。总而言之，购房已成为一种包括夫妻双方及原生家庭在内多方共同参与的集体消费行为，这意味着住房不平等的代际传递过程与社会中更广泛的家庭和性别文化内在地交织在一起。住房不平等不仅可以通过代际传递，还可以通过不同家庭背景的男女之间的婚姻匹配得到再生产。不同的性别角色似乎导致了夫妻原生家庭在支持年轻夫妇向自有住房过渡方面的责任或义务的差异，这反过来又加剧了性别差距。可见，性别的社会角色在住房代际传递过程中不断被强化。

第5章

中国城市居民住房类型分化及其影响因素

5.1 住房类型分化的国内外研究进展

在当前“空间生产”“空间资本化”的背景之下，多样化的住房获得途径与个体和家庭的居住状态及居住质量有关，与住房相关的社会及制度运行也成为决定住房及其社会与经济资源价值的重要生产机制（Stephens et al.，2015）。因此，家庭的社会经济、人口属性，以及与其所处的制度环境决定其获得不同住房资源的可能性，而接近不同性质住房资源的机会差异反映了居住分异，某种程度上也反映了社会分异。

在关注住房分异的研究中，有大量的研究是关于居民住房产权获得，即是否拥有自有住房的。中国城市住房获得的影响因素较为综合，除个人和家庭的社会人口属性（如户主年龄、婚姻状况、家庭工作人数、收入）及住房价格等显著影响住房获得之外，居民工作单位的性质、居民的社会组织联系也发挥着显著影响（Logan et al.，1999；Huang，2001；Huang and Clark，2002）。户口作为中国特色的人口管理制度，在社会经济环境的运行下逐渐与城市居民的社会保障各项资源获得紧密相关，居民的户口属性显著影响着居民的住房获得。本地人口作为住房市场化改革红利的直接受益者，在获得本地住房产权中具有先天优势。然而通过知识、财富、工作等方式获得本地户口的新市民，由于购房时机、意识、门槛等因素，获得住房产权的概率仍低于本地人口。相较而言，未能获得本地户口的外来非农业人口和外来农业人口处于更为劣势的位置，尤其是农村流动人口在城市住房产权获得中始终处于等级体系的最后一级，其住房问题也最难解决（Xiao et al.，2016；Logan et al.，2009）。

随着我国转型过程中城市住房供应的多样化，还有部分研究开始关注中国背景下居民自有产权类型分化。体制内工作者受益于中国住房市场化转型，通过购买原有公房在获得自有住房上具有显著优势（马忠东等，2010；何深静等，2010；方长春，2014）。该群体获得体制内福利的优势在后期的住房市场中转化为更强的竞争能力，在商品房购买方面具有更多的资源（Li，2000a）。此外，不同群体获得保障性住房的机会存在差异。在城市中，以低于市场价格购买的房改房或福利房是再分配体制下的遗留产物，产权保障房（如经济适用房、集资建房等）是伴随着市场化发展而产生的保障性住房供应形式。低于市场价格购得的房改房或产权保障房在价格上明显低于商品房，其都带有一定的保障性质（刘望保等，2010）。相关研究发现，体制内工作者在获得保障性住房上具有一定优势，而体制外工作者则更多地通过市场获得商品住房（Li，2000a）。当前为解决城市弱势群体的住房需求，相关住房保障政策和城市住房保障实践开始推进。但我国住房保障覆盖范围仍然比较有限，且存在分配对象甄别标准单一、退出机制不健全以及供需错位等现象，从而导致分配结果不公、应保未保及“负保障”等问题（王丽艳等，2016；陈成文和黄利平，2019）。

5.2 中国住房保障和市场体系的二元分化

近年来，随着住房市场化的不断深入推进，城市住房投资需求高涨，住房市场呈现出过热趋势，持续上涨的房价和不断下降的住房可支付性成为重要的民生问题。同时，尽管住房改革进程中城镇居民整体上住房状况得到极大改善，但城市中低收入居民，特别是流动人口的住房问题仍然有待解决。在此背景下，中国城市住房供应体系发展逐渐多元化，保障性住房在住房体系建设中的作用受到越来越多的重视。

城市住房供给主要有市场渠道和来自国家或单位的保障渠道，市场和保障分别承担着社会“效率”和“公平”的职责。市场考验经济购买力，运行过程中“效率优先”；而保障性住房作为社会保障的一部分，其旨在通过政府介入市场以弥补购买力决定机制下自发分配而造成的不公平，作为保障社会公平的一种措施，其分配过程更加追求“公平和有效”。保障性住房是中国提出的面向中低收入家庭的各种低于市场价格的住房类型组合，而在欧美国家并没有这个概念，相应地，具有保障属性的住房称为公共住房（public housing）。具体来说，由中央或者地方政府大规模投资建造的出租房可视为狭义的公共住房，而广义的公共住房包含由政府提供一定补贴、社会组织或者群体参与建造和经营的住房。美国联邦政府的公共住房、日本政府的公营和公团住房、新加坡的政府组屋等均属公共住房的范畴。由于公共住房和保障性住房均具有明显的公有产权属性，即由政府出资建设的面向中低收入群体的住房，从本质上来说，中国的“保障性住房”与欧美国家所称的“公共住房”基本上是一致的。也有学者提出，鉴于我国保障性住房覆盖范围逐渐扩大、覆盖群体更加广泛，当前我国的保障性住房也更加接近西方“公共住房”的含义（陈杰，2012）。

图 5-1 为当前中国城市住房供应体系框架图。首先，根据住房产权属性的不同，可将住房划分为自有住房和租赁住房。自有住房按照来源主体不同，又分为低于市场价格购买的房改房、商品房、保障性自有住房。商品房包括新建商品房和二手商品房；保障性自有住房包括集资建房、经济适用房、限价商品房、拆迁安置房等。其中，集资建房是指由政府提供相关政策优惠，为了解决内部职工的住房问题，企事业单位使用划拨土地或集体土地使用权，自身承担部分资金、向内部职工筹集部分资金用以承建住房，之后以低于市场商品房的价格转让给内部职工的房屋。经济适用房是指政府提供住房补贴，开发商开发建设住房，之后以低于市场价格销售给符合条件的城镇住房困难居民，以改善其住房的住房类型。限价商品房虽为开发商主导的商品房项目，但其套型、面积、价格等诸多方面受

到政府相关规定的限制，特别是其以低于周边商品房均价 15%～20%的价格向广大符合条件的中低收入家庭销售，因此具有住房保障性质。拆迁安置房则是政府或开发商对拆迁安置户的一种实物补偿方式。小产权房虽不能作为住房获得的正规来源，但在某种程度上其也实际解决了部分城市家庭的住房问题，成为三类自有住房之外的另一种住房来源。租赁住房同样可以根据来源主体不同分为市场性租赁和保障性租赁。其中，市场性租赁即租赁住房的产权主体为私人部门，而保障性租赁则指租赁住房的产权主体为国家或单位。在我国，保障性租赁主要包括公租房和廉租房两种类型，前者是指由国家提供政策支持，在建设和分配过程中均要求符合相关标准，提供给符合相关申请条件的城市中低收入住房困难家庭的保障性住房；后者则是指面向城市最低收入居民，通过补贴租金或者提供租赁住房的方式提供住房保障，以改善其住房困难，两者均属租赁产权且具有保障性质。

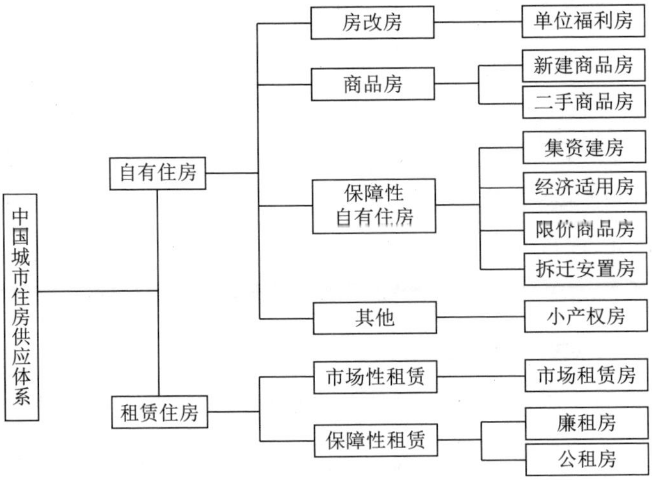

图 5-1　中国城市住房供应体系

在实践中，不同性质的住房按照自身运行机制具有不同的准入条件。例如，在如今商品房价格高企的背景下，商品房只能是通过利用各种资源兑换而具有足够市场购买力的家庭才能得以居住，而保障性住房则是基于相关政策规定对申请者进行筛选后分配。经过多年的实践和调整，当前中国形成了包括“经济适用房政策、廉租房与公租房制度以及住房公积金制度”在内的住房保障系统。其中各项政策所对应的保障性住房在分配实践中均具有相关的准入条件，对申请者进行筛选，以确保保障性住房分配制度的公平性和有效性。具体来说，首先，廉租房的申请对居民的户口状况及其所属年限进行了限定；其次，在居民收入水平上，廉租房主要面对城市低收入群体；最后，对居民住房状况、住房资产等相关属性也有具体的规定。公租房则面向城市中低收入水平当中的住房困难居民，政策中提出外来务工人员可考虑申请公租房，部分城市和地区中覆盖的群体范围更加广泛，并且对收入水平不进行明确限制。经济适用房作为保障性自有住房的重要组成部分，其申请对象需具有本地城镇户口，此外，家庭收入水平和住房状况也需满足一定的条件。

5.3　数 据 来 源

为了更加清晰系统地认知中国当前住房体系当中住房保障的影响因素及其分异机制，本章利用 2017 年中国家庭金融调查，关注家庭层级上的微观实证研究，并将研究主体分别分为两个部分：租赁住房内部的市场与保障的分异、自有住房内部的政策与市场分异。

中国家庭金融调查（China Household Finance Survey，CHFS）是西南财经大学中国家庭金融调查与研究中心开展的一项全国性大型抽样调查，涵盖家庭的资产与负债、收入与支出、保险与保障等内容，其中对全国范围内各个地区和城市居民家庭的住房资产与消费数据的收集也较为全面。调查采用分层、多级的复杂概率抽样设计。第一阶段单元为全国除西藏、新疆和港澳台地区外的 2585 个县（区、县级市），从中抽取 80 个县（区、县级市）。为了抽取的 80 个样本地理分布相对均匀、富裕地区样本不能过多，在实际操作时，将 2585 个县（区、县级市）按照人均 GDP 分成 10 层，在每层内以县（区、县级市）人口数为权重进行抽取。第二阶段从县（区、县级市）中抽取居委会/村委会，且持续关注城镇和农村样本的合理分配。第三阶段则是从居委会/村委会中抽取 20～50 户住户。2017 年最终的调查样本覆盖全国 29 个省（自治区、直辖市）、355 个县（区、县级市）、1428 个居委会/村委会，总样本规模为 40 011 户。

本章最终使用有效样本共 12 287 份，其中，租赁住房的家庭样本包括居住在市场性租赁住房与居住在保障性租赁住房的家庭样本；自有住房的家庭样本包括当前居住在房改房、商品房（市场自有）以及保障性自有住房中的家庭样本。从不同出生队列家庭住房情况来看（图 5-2），尽管市场渠道占比在 1990～1999 年出生队列稍有下降，但总体上呈现增长趋势。其中出生队列越晚，市场性租赁的比例越高，商品房购买比例呈现出先上升后下降的趋势，1970～1979 年出生队列中自有住房当中商品房购买比例最高。国家住房保障渠道整体呈现出出生队列越晚，占比越低的趋势。其中保障性租赁的比例呈现出先下降后上升的波动趋势。保障性自有住房占比呈现出持续下降的趋势，房改房占比在全体样本家庭中占比先下降后又稍有上升。

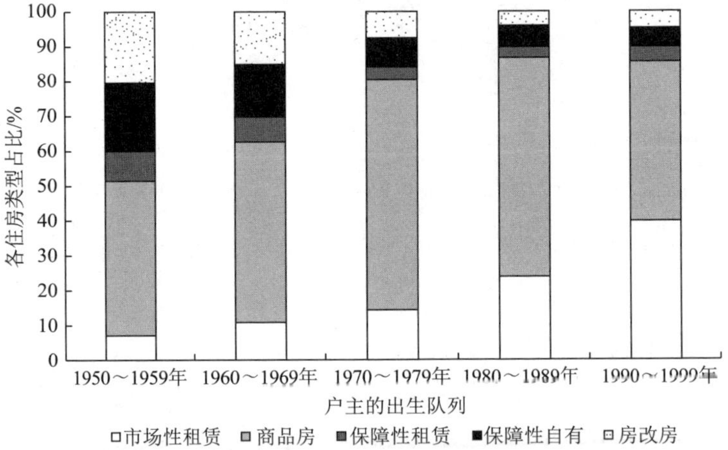

图 5-2　中国城市居民不同出生队列的住房类型

5.4　中国城市居民租赁住房：基于保障性与市场性租赁住房的对比

5.4.1　租赁住房样本特征

在全部 12 287 份家庭样本中，居住在租赁住房中的家庭占 21.8%。对于居住在租赁住房当中的样本家庭（表 5-1），市场性租赁的比例为 74.2%。居住在保障性租赁住房的家庭户主的平均年龄比居住在市场性租赁住房的家庭户主的平均年龄大 10.72 岁。从不同出生队列来看，市场性租赁家庭当中户主出生于

1980～1989 年与 1990～1999 年的家庭户主总和占到总数的一半之多，保障性租赁样本家庭当中，户主出生于 1950～1959 年与 1960～1969 年的家庭户总数占到总数的 64.83%。可见，市场性租赁和保障性租赁住房的户主年龄构成存在显著差异。租赁住房中性别比例差异不大，保障性租赁住房户主的已婚比例比市场性租赁高 10.62 个百分点。

表 5-1　租赁样本描述性分析

属性	市场性租赁（N=1990）	保障性租赁（N=691）
平均年龄/岁	38.82	49.54
出生队列占比/%		
1950～1959 年	9.40	32.27
1960～1969 年	17.44	32.56
1970～1979 年	22.31	16.64
1980～1989 年	28.34	11.58
1990～1999 年	22.51	6.95
性别（男性）占比/%	44.72	44.43
已婚占比/%	77.33	87.95
育有子女	51.31	51.23
户口属性占比/%		
本地城镇户口	29.87	79.39
本地农业户口	17.49	6.82
外来城镇户口	16.18	4.21
外来农业户口	36.46	9.58
受教育程度[a]占比/%		
低	16.13	9.41
中	65.08	77.42
高	18.79	13.17
职业类型[b]		
党政机关负责人等	1.32	2.87
专业技术及有关办事人员	33.84	38.60
各类生产生活服务人员	24.41	32.58
个体户	23.88	10.11
失业或退休	16.55	15.84
家庭年收入/万元	11.25	11.10
家庭年收入水平占比/%		
高	26.69	23.73

续表

属性	市场性租赁（N=1990）	保障性租赁（N=691）
中	58.84	65.85
低	14.47	10.42
单位性质为公有制占比/%	36.48	46.60
政治面貌（党员）占比/%	10.38	11.45
现居住住房所在城市等级占比/%		
一线城市	28.44	37.63
二线城市	30.05	25.47
三线城市	20.05	19.10
四线城市	7.49	4.78
五线城市	13.97	13.02

注：a 受教育程度划分标准：低水平是指初中以下，中等水平是指初中及以上且本科以下，高水平是指本科及以上。

b 职业类型划分的具体说明：党政机关负责人等包括党的机关、国家机关、群团与社会组织以及企事业单位负责人等；专业技术及有关办事人员包括专业技术人员、办事人员和有关人员；各类生产生活服务人员包括社会生产服务和生活服务人员，生产制造及有关人员，农、林、牧、渔业生产及辅助人员。

不同租赁家庭中育有子女比例差别不大。市场性租赁和保障性租赁住房的户主户口属性呈现极大差异，前者中的本地城镇户口占比约为30%，外来农业户口约占36%；后者本地城镇户口约占80%，外来农业户口约占10%。就受教育程度而言，不论是市场性租赁住房人口还是保障性租赁住房人口，户主为中等受教育程度即初中及以上且本科以下的家庭占比最高。就职业而言，专业技术及有关办事人员和各类生产生活服务人员之和的占比最高。租赁住房样本家庭的年收入相差不大。如果根据家庭年收入划分为高、中及低收入水平，家庭户主为中等收入水平的比例最大。此外，家庭中户主单位性质为公有制，居住在保障性租赁住房的家庭比例比居住在市场性租赁住房的家庭比例高约10%。户主为党员的家庭中居住在保障性租赁住房的比例也稍高于市场性租赁住房。全部样本家庭大多居住于一二三线城市，占总样本的80%左右。

5.4.2 租赁住房的空间分布

全国各省（自治区、直辖市）市场性租赁和保障性租赁住房在租赁住房中的占比呈现出一定的空间差异。就市场性租赁来说，东部的浙江省、福建省，中部的安徽省，以及西部的四川省、重庆市、内蒙古自治区的市场性租赁占比较高，占比均超过 88%，其中内蒙古自治区占比最高，为 95.83%。东北部的黑龙江省、吉林省、辽宁省，东部的河北省、广东省，中部的河南省以及西部的青海省的市场性租赁占比也高于 75%。就保障性租赁来说，东部的上海市、北京市、天津市以及西部的广西壮族自治区的保障性租赁占比较高，均超过 50%，其中天津市占比最高，为 64%。此外，西部的宁夏回族自治区、云南省和中部的山西省保障性租赁占比均在 40%以上，东部的江苏省，中部的湖北省、江西省以及西部的甘肃省、贵州省的保障性租赁占比均高于 30%。

5.4.3　居民租赁保障性住房的影响因素分析

基于前述文献综述，为探究居民租赁保障性和市场性住房的影响因素，本节采用逻辑斯蒂回归模型进行分析，模型公式见式（5-1）。因变量 P_i 为受访者居住在保障性租赁住房的概率，P_i/（$1-P_i$）是受访者居住在保障性租赁住房与市场性租赁住房的概率之比，即风险率。自变量选取了样本的社会人口变量 SD_i、市场性因素 M_i 和制度性因素 I_i 等相关变量。其中，社会人口变量 SD_i 包括年龄、性别、婚姻状况、职业等，市场性因素 M_i 包括受教育程度、家庭年收入水平等，而制度性因素 I_i 则包括是否为体制内工作者、政治面貌、户口属性。此外，模型中也控制了所在城市的等级。

$$\ln\left(\frac{P_i}{1-P_i}\right)=\beta_0+\beta_1\mathrm{SD}_i+\beta_2 M_i+\beta_3 I_i+\beta_4 L_i \tag{5-1}$$

模型结果（表 5-2）表明，以出生在 1950～1959 年为参照组，户主出生越晚，租赁保障性住房的可能性越小。这可能与中国住房市场化的推进有关，市场化程度越高，市场供给住房份额也越大，相较于保障性租赁，居民会更多地选择市场性租赁。在家庭租赁保障性住房方面不存在显著的性别差异，但已婚状态与租赁保障性住房呈现显著负向关系，这表明已婚家庭更加倾向进行市场性租赁。此外，以小学及以下的低受教育程度为参照组，中等和高受教育程度均有更高概率租赁保障性住房，且中等受教育程度优势最大。可见，保障性租赁住房的分配过程当中对居民的受教育程度仍然有很强的筛选性。

表 5-2　居民租赁保障性住房的影响因素分析

（因变量：1=保障性租赁；0=市场性租赁）

自变量	β
不同出生队列（参照组：1950～1959 年）	
1960～1969 年	−0.429***
1970～1979 年	−1.146***
1980～1989 年	−1.778***
1990～1999 年	−2.125***
男性（参照组：女性）	0.135
已婚（参照组：未婚）	−0.469**
育有子女（参照组：未育有子女）	0.195
受教育程度（参照组：低）	
中	0.597***
高	0.489*
户口属性（参照组：本地城镇户口）	
本地农业户口	−1.527***
外来城镇户口	−1.940***
外来农业户口	−1.769***
政治面貌（是党员，参照组：非党员）	0.040
体制内工作者（参照组：非体制内工作者）	0.811***
家庭年收入水平（参照组：高）	
中	0.294**
低	0.299
职业（参照组：党政机关负责人等）	
专业技术及有关办事人员	−0.112
各类生产生活服务人员	0.792*
个体户	0.063
失业或退休	0.424
居住地所在城市等级（参照组：一线城市）	
二线城市	−0.697***
三线城市	−0.474***
四线城市	−0.932***
五线城市	−0.896***

续表

自变量	β
样本量	2557
Log likelihood	−1089.1223
Wald chi^2（24）	499.31
Pseudo R^2	0.2547

* $p< 0.10$，** $p< 0.05$，*** $p< 0.01$。

户口在各项社会资源分配当中都起到至关重要的作用。相较于本地城镇户口，本地农业户口、外来城镇户口、外来农业户口租赁保障性住房的概率依次显著递减。这在某种程度上也揭示了当前城市住房保障资源分配过程中基于户口的住房排斥。除本地城镇人口之外的众多家庭的城市住房问题仍有待解决。除户口外，其他制度性因素如政治面貌对租赁保障性住房并没有显著影响，体制内工作者租赁保障性住房概率更高。

自住房市场化以来，市场支付能力越来越成为影响居民住房类型的重要因素。在家庭年收入水平上，相较于高收入水平，中等收入水平的家庭更加会租赁保障性住房，而处于低收入水平的家庭在租赁保障性住房上并未表现出显著优势。对于户主职业，相较于党政机关负责人等，各类生产生活服务人员租赁保障性住房的概率更高，其余职业类别未表现出显著相关关系。由于区域和城市差异，各个城市住房保障政策的设计和实施均存在一定差异。从居住地所在城市等级来看，相较于一线城市，居住于二、三、四、五线城市的居民租赁保障性住房的概率较低。

5.5 城市居民自有产权住房：基于保障性与市场性自有住房的对比

5.5.1 自有产权住房样本特征

在全部 12 287 份样本中，居住在自有住房的样本占 83.2%[①]。对于居住在自

① 调查样本中有少量既有自有住房，又有租赁住房。

有住房当中的家庭样本（表 5-3），商品房的户主平均年龄明显低于保障性自有住房和房改房。就出生队列而言，居住在商品房家庭户主出生在 1970～1979 年与 1980～1989 年比例总计约 50%，而保障性自有住房和房改房样本中，出生在 1950～1959 年与 1960～1969 年的比例总计接近 70%。可见，不同出生队列在住房获得来源上呈现出不同的世代差异。就性别而言，商品房、保障性自有住房和房改房中的男性占比依次递减。就婚姻状况而言，居住在自有住房中的已婚家庭比例要显著高于居住在租赁住房中的样本，且在自有住房家庭样本中，保障性自有住房的比例最高，之后为房改房、商品房。对于户口属性，居住在自有住房中的样本约 90%为本地户口，其中本地城镇户口占比明显更高。就收入而言，商品房所有者家庭年收入明显最高，接下来依次是房改房、保障性自有住房。这里需要特别强调的是，居住在保障性自有住房的样本，其家庭年收入不仅在自有住房样本当中，且在包括租赁家庭样本的全样本中都属于最低水平。自有住房当中的户主单位性质为公有制的比例整体要高于租赁住房，其中占比最高的为房改房，比例为 57.05%，接下来依次是商品房、保障性自有住房。自有住房居民中党员比例也显著高于租赁住房，其中房改房比例最高，为 16.29%，接下来依次是商品房、保障性自有住房。

表 5-3　自有住房居民的基本情况

属性	自有住房（*N*=9606）		
	商品房（*N*=6794）	保障性自有住房（*N*=1444）	房改房（*N*=1368）
平均年龄/岁	44.56	50.99	52.07
不同出生队列占比/%			
1950～1959 年	16.64	34.12	37.98
1960～1969 年	24.22	34.26	34.33
1970～1979 年	29.81	17.68	16.87
1980～1989 年	21.68	9.71	6.96
1990～1999 年	7.65	4.23	3.87
性别（男性）占比/%	43.61	41.19	39.08
已婚占比/%	92.09	94.17	94.15
育有子女占比/%	67.86	56.24	53.25
户口属性占比/%			
本地城镇户口	73.77	87.10	95.98

续表

属性	自有住房（N=9606）		
	商品房（N=6794）	保障性自有住房（N=1444）	房改房（N=1368）
本地农业户口	15.82	10.33	2.05
外来城镇户口	4.38	1.81	1.32
外来农业户口	6.03	0.76	0.65
受教育程度[a]占比/%			
低	8.87	12.27	5.48
中	67.01	76.63	81.66
高	24.12	11.10	12.86
职业类型[b]占比/%			
党政机关负责人等	4.66	4.27	4.46
专业技术及有关办事人员	42.55	40.09	48.18
各类生产生活服务人员	20.64	30.90	27.69
个体户	15.93	7.53	6.58
失业或退休	16.22	17.21	13.09
家庭年收入/万元	15.50	10.10	11.06
家庭年收入水平占比/%			
高	39.34	27.60	31.99
中	53.96	65.53	63.84
低	6.70	6.87	4.17
单位性质为公有制占比/%	50.23	47.85	57.05
政治面貌（党员）占比/%	15.19	12.48	16.29
居住住房所在城市等级占比/%			
一线城市	16.78	21.22	19.94
二线城市	28.80	29.33	26.81
三线城市	21.13	21.15	18.04
四线城市	10.36	10.19	12.27
五线城市	22.93	18.11	22.94

注：a 受教育程度划分标准：低水平是指初中以下；中等水平是指初中及以上且本科以下；高水平是指本科及以上。

b 职业类型划分的具体说明：党政机关负责人等包括党的机关、国家机关、群团与社会组织以及企事业单位负责人等；专业技术及有关办事人员包括专业技术人员、办事人员和有关人员；各类生产生活服务人员包括社会生产服务和生活服务人员，生产制造及有关人员，农、林、牧、渔业生产及辅助人员。

5.5.2 自有产权住房的空间分布

房改房、商品房以及保障性自有住房占自有住房家庭样本总数的比例在全国范围内呈现出了一定的空间差异。对于房改房来说，东部的北京市、中部的山西省以及西部的广西壮族自治区和陕西省的房改房占比均超过了 20%；东部的天津市，东北部的辽宁省，中部的湖南省、江西省，西部的甘肃省、贵州省和云南省城市居民住房获得来源中低于市场价购房占比相对较高，均超过了 14%；位列最后的是西部的内蒙古自治区、四川省和东部的福建省，房改房占比为 4%～6%。对于商品房来说，西部的内蒙古自治区、宁夏回族自治区，东北部的黑龙江省、辽宁省以及东部的天津市处于第一梯度，商品房来源在中国城市家庭住房来源中占比均超过 50%；其次是东部的上海市、广东省、福建省、山东省，西部的内蒙古自治区、宁夏回族自治区，东北部的黑龙江省、辽宁省以及东部的天津市，商品房来源占比均为 40%～50%；再次是东部的江苏省、浙江省，中部的山西省、河南省、湖北省以及西部的青海省、甘肃省、宁夏回族自治区、云南省，商品房来源占比均为 20%～40%；而东北部的吉林省，东部的海南省，中部的湖南省以及西部的陕西省和广西壮族自治区的市场住房来源占比较小，均低于 20%。对于保障性自有住房来说，东部的上海市和北京市占比最高，均在 20%以上；西部的青海省、甘肃省，中部的安徽省、江西省，东部的江苏省、天津市以及东北部的辽宁省保障性自有住房占比均为 10%～20%；而中部的山西省，东部的河北省、广东省占比均小于 7%。

5.5.3 居民获得保障性产权住房的影响因素分析

为分析拥有自有产权住房的居民内部在购买商品房、保障性自有住房及房改房的分化机制，本节采用多项逻辑斯蒂模型进行分析，模型公式见式（5-2）。假设效用函数的误差项是独立分布的，自有住房家庭 i 通过方式 k 获得住房的概率 $P(y_i = k)$ 可以表示为

$$P(y_i = k) = \frac{\exp(\alpha_k \mathrm{SD}_i + \beta_k M_i + \gamma_k I_i + \delta_k L_i)}{\sum_{k=1}^{K} \exp(\alpha_k \mathrm{SD}_i + \beta_k M_i + \gamma_k I_i + \delta_k L_i)} \tag{5-2}$$

其中，因变量 y_i 是一个分类变量，代表自有住房家庭 i 通过方式 k 获得住房，包括三种住房类型：房改房、商品房和保障性自有住房。自变量包括自有住房家庭的社会人口变量 SD_i、市场性因素 M_i 和制度性因素 I_i，以及家庭居住地所在的城市等级 L_i。

结果显示，在不同出生队列中，以 1950～1959 年为参照组，相较于获得商品住房，居民出生队列越晚，获得保障性自有住房的可能性显著性降低，同时，居民获得房改房的概率也显著下降，且获得房改房下降的速度更快，这可能与中国住房市场的改革背景密切相关。随着住房市场化的推进，住房市场上商品房供给份额越来越大，而房改房由于改革制度的因素，其份额随着改革推进而不断减少。以商品房为参照组，自有产权家庭获得保障性自有住房的概率上不存在性别差异，而相较于女性，男性在获得房改房上呈现出劣势。同时，相较于保障性自有住房和房改房，已婚家庭样本有更高的概率获得商品房。在子女方面，育有子女的家庭相较于获得房改房，更有可能通过购买商品房来获得住房产权。针对受教育程度，相较于购买商品房，户主为中等或高等受教育程度会显著降低家庭获得保障性自有住房的可能性，而户主为低等受教育程度更有可能获得房改房住房产权。如果受教育程度为本科及以上，教育对家庭获得房改房的正向影响便不再显著了。

以购买商品房获得自有产权为参照组，在户口属性当中，相较于本地城镇户口，本地农业户口、外来城镇户口以及外来农业户口获得保障性自有住房的概率呈现依次显著递减的趋势。相较于本地城镇户口，其他户口属性与获得房改房也呈现出显著负相关，但总体上获得房改房概率最小的是本地农业户口，然后是外来农业户口，最后是外来城镇户口。政治面貌为党员和体制内工作者未显示出对自有产权家庭住房来源的显著性相关关系。对于职业来说，相较于党政机关负责人等，个体户在获得保障性自有住房上具有显著劣势；而专业技术及有关办事人员、各类生产生活服务人员、失业或退休人员均比党政机关负责人等在房改房获得中具有更高的概率。对于家庭年收入来说，低收入水平和中等收入水平相较于高收入水平更有可能获得保障性自有住房，收入在获得房改房中不具有显著影响，最后，对于自有产权家庭居住地所在城市等级，在获得保障性自有住房上，相较于一线城市，在二、三、五线城市的居民获得保障性自有住房的概率较小；同时四线城市在获得房改房上具有显著的优势（表 5-4）。

表 5-4　自有住房类型影响因素模型结果

（因变量：1=商品房，2=保障性自有住房，3=房改房）

自变量	（参照组：商品房）	
	保障性自有住房	房改房
出生队列（参照组：1950～1959 年）		
1960～1969 年	–0.181**	–0.383***
1970～1979 年	–0.898***	–1.195***
1980～1989 年	–0.957***	–1.620***
1990～1999 年	–1.017***	–1.567***
男性（参照组：女性）	–0.009	–0.226***
已婚（参照组：未婚）	–0.438**	–0.635***
育有子女（参照组：未育有子女）	–0.077	–0.142*
受教育程度（参照组：低）		
中	–0.180*	0.510***
高	–0.758***	0.081
户口属性（参照组：本地城镇户口）		
本地农业户口	–0.588***	–2.149***
外来城镇户口	–0.864***	–1.179***
外来农业户口	–2.159***	–1.935***
政治面貌（是党员，参照组：非党员）	–0.096	0.127
体制内工作者（参照组：非体制内工作者）	–0.082	0.154
职业（参照组：党政机关负责人等）		
专业技术及有关办事人员	0.042	0.377**
各类生产生活服务人员	0.291	0.665***
个体户	–0.582**	–0.089
失业或退休	0.026	0.423*
家庭年收入（参照组：高）		
中	0.305***	0.083
低	0.252*	–0.170
居住地城市等级（参照组：一线城市）		
二线城市	–0.201**	–0.135
三线城市	–0.183*	–0.079
四线城市	–0.195	0.340***
五线城市	–0.504***	0.064

续表

自变量	（参照组：商品房）	
	保障性自有住房	房改房
Observations	9261	
Log likelihood	–6746.2858	
Wald chi^2（48）	1025.16	
Pseudo R^2	0.0961	

* $p<0.10$，** $p<0.05$，*** $p<0.01$。

5.6 小　　结

自住房改革以来，国内住房市场迅速发展起来，市场供给在整个城市住房体系当中所占份额也愈来愈大，居民获得住房的渠道越来越市场化。但为保障低收入群体、外来人口群体等“住有所居”，我国实施了一系列的保障房政策以促进该类群体的居住稳定性。中国城市住房供应体系发展逐渐多元化，保障房也成为我国住房体系的重要组成部分。为探究住房保障体系现状以及存在的问题，本章分别探究不同类型租赁住房和自有产权住房的空间分布特征及其影响因素。

研究发现，在社会人口属性方面，户主出生越晚，租赁保障性住房的概率越低。在自有住房家庭中，相较于购买商品房，户主出生越晚，家庭居住在保障性自有住房以及获得房改房的概率均显著下降。就性别而言，在自有住房获得中，男性与获得房改房呈现显著负向关系。婚姻状况与租赁保障性住房也存在显著关系，已婚家庭租赁保障性住房的概率显著低于未婚家庭。同时在拥有自有住房的家庭当中，相较于未婚家庭，已婚家庭更多地通过购买商品房获得住房产权，而非通过购买保障性自有住房或房改房。随着居民受教育程度的提高，居民租赁保障性住房、获得保障性自有住房以及房改房的概率都显著增加。但在通过购买低于市场价格的住房即房改房中，受教育程度提高带来的优势仅限于户主受教育程度由低等提升为中等时，当受教育程度继续提高，优势便不再显著增加。对于家庭总收入水平，相较于高收入水平，中等收入水平家庭租赁保障性住房的概率更高，此外，在自有产权住房获得中，低等和中等收入水平的家庭获得保障性自有住房概率更高。

其次，在制度方面，居民的户口状况与其住房类型密切相关。相较于本地城镇人口，本地农业人口及外来人口在租赁保障性住房的机会上均处于劣势。在自有住房获得的分析中，同样是本地城镇人口占有显著优势，外来农业人口在保障性自有住房获得的劣势最为凸显，本地农业人口获得房改房的概率最小。为观察中国当前社会分层机制中是否还存在制度性影响，政治面貌为党员和体制内工作变量也被纳入模型，结果显示体制内工作者在租赁保障性住房的机会上具有一定优势。

最后，居住在不同城市等级的居民在住房类型上也呈现出较大的分异。相较于一线城市，二、三、四、五线城市居民租赁保障性住房的概率均显著下降。在自有住房当中，居住在一线城市的居民在获得保障性自有住房上具有显著优势，而居住在四线城市的居民获得房改房的概率最高。

就保障性租赁住房而言，其在政策设定当中面向的就是城市低收入家庭，旨在提供低于市场性租赁价格的住房，应当具有明确的保障属性。但在研究当中发现，中国城市保障性租赁住房的可得性影响因素及分异与城市住房产权获得呈现出相似的规律，市场性因素与制度性因素均对居民的保障性租赁住房可得性产生显著影响。受教育程度提高对保障性租赁住房可得性的正向影响会过滤掉城市中一部分受教育程度低但亟须解决住房问题的居民。另外，只有中等收入居民在租赁保障性住房方面具有优势，而低等收入居民并不具有优先地位。此外，体制内工作者也在租赁保障性住房方面具有显著优势。保障性租赁住房的户口制度也是社会和众多研究者关注的焦点。在廉租房相关规定中明确指出申请者须持有一定年限的城市常住户口，但也有一些城市，如深圳、长沙、青岛等将农民工纳入廉租房保障范围。对于公租房申请，尽管在管理办法中提到应尽量将在城镇稳定就业的外来务工人员包括在内，有意打破户籍制度，将符合条件的外来人口纳入住房保障体系，在实践当中，一些城市也根据实际情况，允许流动人口申请公租房，但其仍然呈现出明显劣势。

保障性自有住房的获得同样受到受教育程度、家庭年收入以及户口属性的影响。随着居民受教育程度的提高，居民获得保障性自有住房以及房改房的概率都显著增加。但在购买房改房中，受教育程度的提高所带来的优势仅限于户主教育水平由低等提升为中等，受教育水平为高等的家庭并不具有显著优势。此外，在自有产权住房获得中，低等和中等收入水平的家庭在保障性自有住房获得上显示出显著正向关系。外来农村人口在保障性自有住房获得中处于最劣势地位，本地农村人口获得房改房的概率最小。在保障性自有住房的获得中，中等和低等受教育水平居民相较于高等受教育水平、中等和低等收入水平的家庭相较于高收入水平的家庭更有优势，这与经济适用房服务于城市中低收入阶层的政策设定相契合。但是，由于户口制度仍然是城市保障性自有住房获得的重要区隔，外来人口仍然被排除在住房保障之外。相较于商品房来说，本地城镇人口不论是获得保障性自有住房还是房改房都具有显著优势，而其他户口属性的居民获得这类住房的概率极低。经济适用房是我国住房保障体系中产权保障房的主要形式，在其规定中，所有城市均限定申请者首先必须为本地城镇户口居民，在北京、上海、杭州等一些城市，对居民转为城镇户口之后的时间也有各自的要求。因此，经济适用房政策实际上限定其供给对象为城镇户口的低收入无房户。这也意味着，众多申请者中最迫切需要获得住房保障的外来人口可能最不易获得住房保障。这显然不利于在城市化进程中城市外来人口住房问题的解决。

总的来说，市场力量和再分配力量在居民住房获得中均具有显著的筛选作用，在市场或者再分配，或者两种均处于劣势的居民更容易陷入居住困境，住房保障体系正是为改善这部分居民的住房问题而存在的。但研究结果证明保障性住房的分配与城市居民住房获得的影响机制呈现出极大的相似性，因此何为住房保障的实质内涵，住房保障是否切实服务于提高社会公平是目前亟待反思的问题。此外，中国国情复杂，不同收入水平的城市居民住房需求有明显分异，城市中低收入居民的住房问题也呈现出较大的差异，如何利用有限的社会经济资源，尽可能建立多层次、全面覆盖的城市住房体系也成为中国当前住房当中的至关重要的命题。当前，我国的住房保障政策及其实践要切实把握保障性住房的保障属性，使其能够促进弱势群体住房状况的改善。因此，在政策设计中，首先，应注重住房保障体系的整体设计以及具体实践形式的思考，积极、灵活地调整保障理念和方向；其次，要加强行政管理制度的建设，注重政府的角色以及与其他主体之间的配合；最后，在具体实践层面，要细化保障性住房的分配准则，借助网络信息管理系统，把握保障性住房分配的各个环节，这对提高保障性住房的公平性和有效性至关重要。

第6章

住房生涯中居住迁移的特征及其影响因素

6.1 引　　言

居住迁移是个体或家庭对居住空间调整、再选择的过程（Coulter et al.，2016），往往伴随着迁移者居住条件、幸福感和健康的变化（Wu，2004c；Wang，2015；李春江等，2019；Wang and Wang，2020），是探究城市空间分异和重构微观机制的重要维度（刘小平等，2010；王铮和翟石艳，2013）。近年来，中国经济结构逐步转型升级，城市就业岗位正逐渐从以基础制造业为主变得更加多元，对高技能劳动力的需求增加。与此同时，自1999年全国高等教育扩张以来，毕业生人数从2000年的107万增加到2013年的699万，为知识密集型产业输送了大量高技能劳动力。当下大量涌入城市劳动力市场的高技能劳动力有着更强的定居意愿和购房意愿，同时也面临着供应紧张的城市住房市场。大量未充分就业的年轻高技能劳动力在进入城市初期聚居于城中村、郊区、廉价地下室（涂龙峰和蒋凌霞，

2010；吴双霞等，2012；Huang and Yi，2015）。然而，高技能外来人口的后续住房生涯如何发展尚未得到充分研究，其迁居的频率及原因也有待深化研究。居住迁移是一个住房调整过程，往往与个体的社会流动相伴，探究高技能劳动力的居住迁移行为，对住房和劳动力市场的运作有着重要启示。

中国城市居民居住迁移的相关研究通常将流动人口视为同质群体，较少关注高技能劳动力（Huang et al.，2014；Wu，2006）。高技能劳动力往往有着更强的定居意愿和购房意愿，并且由于学历和工作的优势，他们更容易克服制度障碍，获得本地户口成为新市民。然而，作为外来人口，在住房生涯初期，他们同样面对不熟悉的本地住房市场，缺少本地社会网络支持，因此这些新市民的居住行为模式和传统流动人口既有相似之处也有差异。

关于居住迁移的研究多基于生命历程分析框架，其重点揭示生命事件发生的序列、发生的概率以及这些生命事件之间的联系（Clark and Huang，2003）。本章将基于 2013 年南京市高技能人口住房调查，分析高技能外来人口的居住迁移模式，并将其与本地高技能劳动力进行比较。基于已有文献，我们将探究以下问题：①与本地高技能人口相比，省内高技能外来人口和省外高技能外来人口的居住迁移呈现怎样的特征？②生命历程和制度性因素如何影响高技能外来人口的迁居行为？家庭、教育、工作、住房生涯等因素对高技能劳动力迁居行为的影响和户籍、政治面貌、单位性质等制度性因素的影响孰强孰弱？

6.2　居住迁移相关研究

居住迁移被视为一种空间均衡过程，旨在缩小家庭的预期住房消费水平和实际消费之间的差距（Rossi，1980）。目前对迁居动力机制的探究大致可总结为三种类型。①生命事件触发型。自 Rossi（1955）用生命周期理论解释迁居行为以来，子女出生（Clark，2016）、家庭组建（Flowerdew and AI-Hamad，2004；Feijten and van Ham，2010）、工作变动（van Ham，2002）等生命事件对迁居行为的影响在学术界已达成广泛共识。Feijten（2005）发现，趋于稳定的家庭事件（如结婚、生子）会降低迁居的可能性；而离婚、分居等消极事件往往与远距离迁居密切相关（Clark，2013）。②居住环境驱动型。大量研究发现，原有的住房权属和面积等住房属性也会影响居住迁移（Clark and Lisowski，2017a），并且这类因素的影响会随着年龄的增加、社会地位的增强而愈加显著（Clark et al.，1984）。拥有住房产权对居住迁移具有阻碍作用，因为住房产权自有者往往都预计自己短期内不会再次迁居（Mulder and Wagner，1998）。住房面积较小、居住空间局促可能会促使房主迁居（Dieleman，2001；Clark and Huang，2003）。对邻里状况不满、向往更好邻里社区的人往往会搬到他们向往的地方（Clark et al.，2006；van Ham and Feijten，2008）。③惰性及风险阻碍型。大量研究证实了人们对现居住地的惰性和禀赋效应会阻碍迁居（Huff and Clark，1978；Clark and Lisowski，2017b）。社区的稳定性以及住户的归属感越强，迁居的可能性越低（Clark et al.，2017）。离开亲人和朋友后可能存在的失落、孤独、压抑等情感风险也会进一步阻碍迁居（Oishi and Talhelm，2012）。居住迁移是多种要素共同作用的结果，并随着现代社会的发展日趋复杂。

除了微观个体、家庭以及居住环境等因素，很多学者也开始强调宏观层面的住房供应系统对居住迁移的重要影响（Mulder and Hooimeijer，1999；van der Vlist et al.，2002；Huang and Deng，2006）。西方背景下的宏观因素主要是指住房市场（Hooimeijer and Oskamp，2000），而中国的宏观背景更为复杂，除住房市场外，其他制度性因素也在塑造个人住房消费和行为方面起着关键作用（Li and Siu，2001；Li，2003，2004；Huang and Deng，2006）。住房市场化改革塑造了中国相对独特的制度环境，在较大程度上影响了居住迁移的模式。在住房分配阶段，住房主要依据职工的工作岗位和工龄进行分配，如果工作变动就会失去原单位提供的住房机会，总体而言，这一时期职工较少迁居。自住房市场化改革以来，随着住房私有化和商品房的推广，人们有机会根据自己的偏好选择住房，居住迁移变得更加频繁。实证研究发现，一方面，结婚生子等生命周期事件及随之而来的住房需求调整变得愈加重要；另一方面，包括户口、政治面貌、工作单位类型等在内的制度性因素仍然对个体的住房获得和住房消费有着深刻影响（Bian and Logan，1996；Li，2003；Wu，2004b；Huang and Deng，2006；Liu and Chai，2013）。

近年来，有学者对少数族裔和流动人口的居住迁移开展了丰富的研究（Özüekren and van Kempen，2002；Bolt and van Kempen，2010）。外来人口和本地人口的住房生涯有较大差异。外来人口往往因为缺乏资金、对本地住房市场了解不足，从租赁住房开始住房生涯。随着时间的推移，他们的住房条件逐步改善，一部分人逐渐获得自有住房（Abramsson et al.，2002）。Bonvalet 等（1995）发现，来到巴黎的移民比法国本地人迁居更为频繁。基于拉丁美洲的研究表明，最初居住在中心城区的移民很可能会迁居（Turner，1968）。这些研究结果与我国流动人口的研究有一定的相似性。多位学者表示，中国的地理范围、制度障碍以及文化和语言多样性使得中国国内的外来人口与国际移民之间呈现诸多相似性（Chan et al.，1999；Sun and Fan，2011）。

6.3　研究设计

为了揭示生命历程和制度性因素对居住迁移的影响、理解本地和外来高技能劳动力居住迁移模式之间的差异，本章利用 2013 年南京市高技能人口住房调查数据，分析了本地高技能人口、省内及省外高技能外来人口的居住迁移特征及影响因素。剔除无效和不完整样本后，有效样本为 788 个（本地高技能人口 159 人、省内高技能外来人口 330 人、省外高技能外来人口 299 人）。

表 6-1 展示了模型中所使用的自变量，其主要包含人口、家庭、教育生涯、制度性因素、职业生涯、住房生涯、居住时间。年龄采用的是开始住房生涯时的年龄，而不是问卷调查时的年龄。用家庭收入而非个人收入来反映家庭可调用的经济资源。家庭人口数量的变化与生活空间需求密切相关，是促使居住迁移的重要因素（Dieleman，2001）。家庭人口从 1 变为 2 反映的是受访者由单身向同居或结婚状态的转变；子女出生和其他原因引起的家庭人口变化单列出来，和前述变量区分开。受教育程度用受教育年限来反映。已有研究表明，制度性因素与转型时期中国住房获得和消费密切相关，因此在模型中考虑了户籍和政治面貌等制度性因素。

表 6-1 离散时间逻辑斯蒂模型的自变量

变量		定义	随个人生命历程变化	随居住/工作变化
人口、家庭、教育生涯	第一居所时的年龄	开始住房生涯时的年龄		
	男性	女性为参照组		
	受教育年限	从小学开始计算		
	家庭收入	目前的家庭年收入		
	子女出生	子女出生	✓	
	子女出生前推项	子女出生的前推项	✓	
	子女出生滞后项	子女出生的滞后项	✓	
	同居/结婚	家庭人口从 1 变为 2		✓
	家庭人口增加	家庭人口增加的其他方式		✓
	家庭人口减少	家庭人口减少		✓
制度性因素	南京城镇户口	是否获得南京城镇户口	✓	
	政治面貌	是否为中共党员	✓	
职业生涯	工作变动		✓	
	工作变动滞后项		✓	
	工作单位类型	政府/事业单位/国有企业（参照组）		✓
		外资企业/合资企业/民营企业		
		其他类型或缺失		
	住房公积金	单位：100 元/月		✓
住房生涯	第一套房	市场租赁（参照组）		
		自有产权住房		
		单位宿舍		
	第一套房面积	单位：10 米^2		
居住时间	第 1～2 年、第 3～4 年、第 5～6 年……	第 1&2 年（参照组）		

职业生涯变量中，工作变动往往与住所变动相关，因为工作变动往往会带来工作地点的变化，也可能会带来收入与地位的改变，从而触发居住迁移。工作单位分为三种类型，包括公有部门（政府/事业单位/国有企业）、私营部门（外资企业/合资企业/民营企业）和其他（如个体经营者）。我们认为公有部门能为职工提供更多的住房福利。在住房改革之前，公有部门能为职工分配住房。在过渡

时期，家庭住房获得和公有部门之间的依赖关系仍然存在（Huang and Clark，2002）。住房公积金由职工和工作单位共同缴纳，将储蓄账户、退休账户和抵押贷款利率补贴相结合，让职工能为购买住房储蓄资金（Buttimer et al.，2004），而公有部门职工的公积金账户普及率和缴存比例都比其他部门更高。

之前的研究表明，住房生涯初期的居住状况可能会影响后续的迁居行为。本研究认为第一居所的产权类型对居住迁移有着重要影响，在模型中将其分为市场租赁住房、自有产权住房、单位宿舍三类。单位宿舍是工作单位以补贴价格提供的租赁住房，鉴于受访者中住在单位宿舍的占比较高，因此将其与市场租赁住房区分开。

触发居住迁移的事件不一定与迁居同步发生，可能存在一定的滞后或提前效应（Feijten，2005）。例如，子女出生前一年、后一年都可能会发生迁居，因为从决定搬家，到找到理想住所，到最后安排搬家都需要时间。使用离散时间逻辑斯蒂模型可以识别出这些生命历程事件的滞后和前推效应。在本章的分析模型中，我们引入子女出生的前推和滞后项，以及工作变动的滞后项，来考察其与迁居的关系。

6.4 城市居民居住迁移特征

本研究根据受访者的出生地将其分为南京本地高技能人口、省内高技能外来人口和省外高技能外来人口。这三个群体的社会经济属性存在明显差异，影响着他们的职业和住房生涯发展。从表 6-2 可以看到，本地人口和外来人口受教育程度都较高。外来人口中党员比例较高，可能是因为其受教育程度较高，而在校期间易入党。由于本地人口的家庭人口数与外来人口相比较多，因此本地人口的家庭年收入超过了外来人口。

表 6-2 受访者特征

变量	本地人口（159 人）	省内外来人口（330 人）	省外外来人口（299 人）
平均年龄/岁	29.71	28.95	28.60
性别比（男/女）	1.01	1.36	1.28

续表

变量	本地人口（159 人）	省内外来人口（330 人）	省外外来人口（299 人）
家庭人口数/人	2.63	2.05	1.87
育有子女占比/%	41.30	28.50	19.10
受教育年限/年	16.53	16.63	17.69
政治面貌（党员）占比/%	33.30	40.90	49.50
家庭年收入/10 万元	1.09	1.05	0.97
住房生涯开始时的户口（南京城市）占比/%	68.60	47.30	62.50
受访时户口（南京城市）占比/%	74.20	61.20	72.20
每年的工作流动性占比/%	8.33	7.47	5.36
单位类型占比/%			
政府、事业单位、国有企业	54.72	51.80	59.53
外资、合资、民营企业	42.14	44.60	36.79
其他	3.14	3.60	3.68
开始住房生涯时的年龄/岁	23.70	24.30	25.10
每年的居住迁移频率/%	10.57	13.96	16.40
居住时间/年	7.97	5.69	4.55
最初的住房类型占比/%			
市场租赁	32.71	62.12	55.20
单位宿舍	28.93	23.94	33.40
自有产权住房	38.36	13.94	11.40
现在的住房类型占比/%			
租赁	22.00	44.85	42.50
单位宿舍	17.60	13.94	24.40
自有住房	60.40	41.21	33.10

接受调查时回答家乡是南京的受访者在购房之初并不一定拥有南京城镇户口，他们中的一些人来自南京农村，并且户籍所在地与实际常住地也是分离的。调查显示，本地居民中 68.60%的人一开始就拥有南京城镇户口，而这一比例在省内和省外外来人口中分别是 47.30%和 62.50%。大量外来人口在购房之初就已经拥有南京城镇户口，主要原因有以下几点：第一，一般情况下，住房生涯的开始也是职业生涯的开始。当外来人口在政府、事业单位、国有企业找到工作时，他

们通常会获得工作单位提供的南京城市集体户口。第二，如果工作单位不能提供落户机会，外来人口可以将户口挂靠在人才市场或其他相关机构。第三，省外外来人口拥有本地户口的比例较高，可能是因为这一群体受教育程度和就业水平均高于省内外来人口。较高的社会经济地位和南京相对较低的落户门槛（和北京、上海相比），使得更多的外来人口在受访时就已经获得了南京城镇户口。总的来说，高技能外来人口是否获得南京户口，主要取决于他们在南京定居的意愿，或者是否愿意放弃原有户口状态，而较少面对制度性障碍。

外来人口的工作变动频率低于本地人口，这可能与外来人口在政府、事业单位和国有企业就业的比例较高有关。外来人口通常是有选择性的群体（Feliciano，2005），找不到稳定工作的群体可能会选择回到家乡或小城市找一份更稳定的工作。即选择留在南京的高技能外来人口是定居能力更强的群体。此外，由于缺乏本地社会网络与资源，外来人口的求职成本和失业风险更高，往往不会频繁更换工作（Zhang，2010）。

在 788 名受访者中，有 365 人至少搬过一次家。受访者搬迁的总次数为 535 次，平均每人 0.68 次。本地高技能人口每年的居住迁移频率是最低的（10.57%），省内外来人口进行居住迁移的比例是每年 13.96%，省外外来人口是流动性最强的群体，每年的居住迁移频率为 16.40%。

图 6-1 是平滑化的生存分析图，展示了这三个群体的居住迁移模式。这三条曲线的峰值均出现在他们住房生涯的第四或第五年左右，这段时间很可能发生生

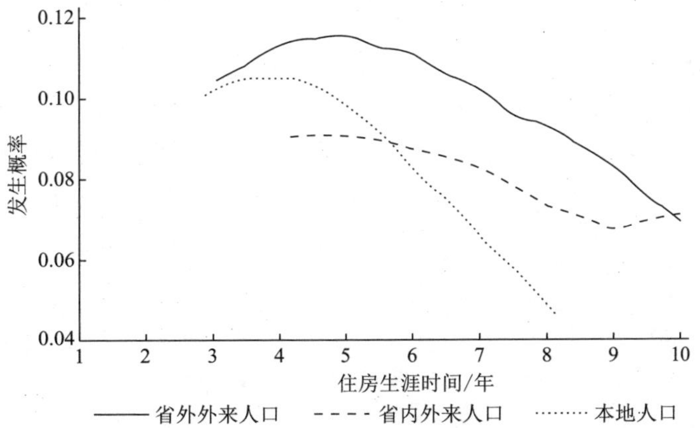

图 6-1　南京市本地人口、省内外来人口以及省外外来人口生存分析图

命历程事件，如组建家庭、生育子女。这与之前的研究一致，即年轻人是流动性最强的群体（Long，1988）。另外，从图中也可以发现，高技能本地人口一般不太可能迁居，特别是在住房生涯的后期。相比之下，外来人口居住迁移更频繁，尤其是省外外来人口。为了揭示这三类群体居住迁移差异的影响因素，本章采用离散时间逻辑斯蒂模型，其结果将在下一节中分析。

6.5 城市居民居住迁移的影响因素

我们首先建立了基础模型，在该模型中，自变量中的家乡所在地和居住时间为虚拟变量，分别用来表示本地人口、省内外来人口和省外外来人口之间的差异，以及居住迁移随居住时间的变化。基础模型的结果（表 6-3）表明，省内和省外高技能外来人口都比本地高技能人口更有可能迁居。

表 6-3 离散时间逻辑斯蒂模型结果

自变量	基准模型	模型 1	模型 2	模型 3	模型 4
家乡（参照组：南京）					
江苏其他城市	0.326*（0.141）	0.334*（0.144）	–0.013（0.138）	0.104（0.158）	0.339（0.355）
其他省（自治区、直辖市）	0.261（0.153）	0.331*（0.157）	–0.003（0.149）	0.250（0.180）	0.369（0.401）
工作					
工作变动		1.492***（0.163）	1.490***（0.168）	1.485***（0.202）	1.360***（0.231）
工作变动滞后项		0.533**（0.185）	0.472*（0.187）	0.262（0.225）	0.260（0.227）
工作单位类型（参照组：政府/事业单位/国有企业）					
工作单位类型（外资企业/合资企业/民营企业）		0.025（0.122）	–0.072（0.119）	–0.030（0.146）	–0.091（0.149）
工作单位类型（其他）		–0.688*（0.273）	–0.600*（0.268）	–0.890**（0.294）	–0.912**（0.303）
住房公积金		–0.005（0.015）	0.001（0.015）	–0.013（0.018）	–0.014（0.019）
住房					
第一套房（自有，参照组：租赁）			–1.247***（0.199）	–1.461***（0.205）	–1.263***（0.213）
第一套房（宿舍，参照组：租赁）			–0.365***（0.115）	–0.466***（0.144）	–0.629***（0.152）
第一套房面积（单位：10 米^2）			–0.077*（0.038）	–0.062（0.040）	–0.066（0.039）

续表

自变量	基准模型	模型 1	模型 2	模型 3	模型 4
家庭、教育、人口、制度					
第一套房时的年龄				−0.035（0.021）	−0.033（0.022）
男性（参照组：女性）				−0.139（0.118）	−0.827**（0.266）
受教育年限				−0.053（0.042）	−0.065（0.044）
家庭年收入（单位：10 万元）				0.405***（0.101）	0.410***（0.101）
子女出生				1.067***（0.254）	1.072***（0.257）
同居/结婚				3.810***（0.363）	3.818***（0.367）
家庭人口增加				4.123***（0.366）	4.172***（0.367）
家庭人口减少				4.289***（0.554）	4.472***（0.589）
政治面貌（党员）				−0.053（0.135）	−0.012（0.135）
南京城镇户口				0.261（0.142）	0.851**（0.332）
交互项					
男性×家乡（江苏）					0.859**（0.315）
男性×家乡（其他省、自治区、直辖市）					0.866*（0.349）
南京城镇户口×家乡（江苏）					−0.786*（0.370）
南京城镇户口×家乡（其他省、自治区、直辖市）					−0.598（0.406）
工作变动×第一套房（自有）					−1.765***（0.512）
工作变动×第一套房（宿舍）					1.284**（0.500）
常数项	−4.110***（0.688）	−4.078***（0.703）	−2.907***（0.733）	−2.222*（0.960）	−2.292*（1.026）
样本量	4238	4238	4238	4238	4238
Deviance	2784.2456	2670.0616	2590.6624	2068.127	2040.0386
Wald chi^2	120.60	233.87	271.23	448.60	467.36
McFadden's R^2	0.0491	0.0881	0.1152	0.2937	0.3033
AIC	2832.246	2730.062	2658.775	2158.127	2166.039

注：本表汇报系数，括号中是聚类稳健标准误。

* $p < 0.05$，** $p < 0.01$，*** $p < 0.001$。

我们最感兴趣的因素是职业和住房生涯，首先在模型 1 中加入与工作相关的变量，然后在模型 2 中加入住房生涯变量，接着将家庭、教育、人口和制度变量加入模型 3，最后在模型 4 中考察自变量之间的交互作用。虽然模型之间系数不能直接比较（Mood，2010），但可以从模型中观察到本地人口和外来人口之间的差异。

在模型 1 中，与职业生涯相关的变量包括工作变动、工作单位类型、住房公积金。工作变动滞后项的系数显著为正，表明居住迁移最可能发生在工作变动的同一年或下一年。工作变动通常涉及收入、资源和工作地点的变化，从而触发居住迁移，同时居住迁移也有可能引发工作变动。工作单位类型（外资企业/合资企业/民营企业）的系数不显著，表明在公有部门（政府/事业单位/国有企业）和私营部门（外资企业/合资企业/民营企业）工作的人居住迁移行为没有显著差异。在其他类型单位工作的人（如个体户/临时失业者）居住迁移的可能性较小，这可能是因为他们的工作场所相对不固定，所以没有必要因为工作原因迁居。居民在劳动力市场上的弱势地位可能会限制他们的居住迁移。从模型结果来看，住房公积金额度会影响家庭所能负担住房的面积和位置，但对居住迁移没有显著影响。需要注意的是，在模型 1 中加入工作相关变量后，本地人口与外来人口之间仍存在着显著差异，这意味着与工作相关的变量并不是造成这种差异的原因。

在模型 2 中控制了初始住房状况后，本地人口、省内外来人口和省外外来人口的居住迁移行为之间的差异不再显著，即初始住房状况是造成差异的主要原因。表 6-2 的结果也可以证实，本地人口最初的住房类型为自有产权的比例为 38.36%，而省内外来人口和省外外来人口的最初的住房类型为自有产权的比例平均不超过 14%。这意味着，本地人口的住房自有率较高，限制了他们的进一步迁居。外来人口第一居所的自有率普遍较低，这与他们的经济能力有限、尚在犹豫是否定居南京有关。特别是对于第一次在外自住的人来说，当他们不确定是否会搬到另一个城市时，购房意愿不强烈。调查显示，14.24%的省内外来人口、18.39%的省外外来人口、4.57%的本地人口不确定是否会在南京定居。第一居所的面积与迁居的可能性呈负相关。模型结果还表明，与市场租赁住房的人相比，住在单位宿舍的人居住迁移可能性较小。虽然单位宿舍不像以前那么普遍，但我们发现工作单位，尤其是体制内单位仍然可为职工提供价格优惠、通勤方便的单身宿舍。不同于农民工通常居住在条件较差的临时住处，高技能劳动力的宿舍更类似于传统的单位宿舍，住房质量较好。因此，单位宿舍作为一种就业福利，比市场租赁住房更具吸引力，职工往往直到结婚或准备买房才愿意搬离。

在加入家庭、教育、人口和制度控制变量后，模型 3 的解释力显著提高，McFadden's R^2 为 0.2937。本地、省内和省外外来人口的差异在统计学上仍然不显著。开始住房生涯时的年龄对迁居行为没有显著影响，因为年龄背后的生命历程事件已经反映在家庭规模的变化中。模型中也没有观察到明显的性别差异。受教育程度对高技能劳动力的迁居行为没有显著影响，可能是因为他们在教育经历上的同质性较高，群体间受教育程度的差距不大。家庭收入作为住房支出的重要经济来源，可明显提高居民居住迁移的可能性。不论是生育、同居/结婚，还是其他类型的人数增减（如父母的搬进搬出），家庭规模的变化都有可能带来居住迁移。生育的滞后和前推项影响并不显著，因此没有纳入最终的模型中。政治面貌为党员对高技能人口居住迁移的影响不显著，户籍对他们迁居行为也没有发挥明显作用。但本调查仅收集了受访者的制度属性，没有他们父母的制度属性，而父母的制度属性可能会通过财富的代际转移影响受访者。

由于自变量之间的交互作用对模型的解释具有重要意义，因此对交互项进行了检验，模型 4 只展示了影响显著的交互项。我们主要关注工作、住房、人口和制度变量对本地、省内和省外外来人口的作用是否不同。与女性相比，本地男性迁居的可能性更小，而省内和省外外来人口迁居的性别差异不明显。一种可能的解释是，本地男性在婚前更有能力拥有住房，所以当同居/结婚时，他们不需要搬离原居所，而他们的女性伴侣会搬进来。就迁居者而言，男性和女性伴侣都搬到一个共同住所的情况更为普遍。户口状况也与家乡的变量相互影响，相较于拥有南京城镇户口的省内外来人口而言，拥有南京城镇户口的本地人更有可能迁居。这种差异可归为获得南京城镇户口的时间不同造成的。从表 6-2 可以看出，本地人口在住房生涯开始时拥有南京城镇户口的比例为 68.60%，省内外来人口中拥有南京城镇户口的比例为 47.30%，省外外来人口中拥有南京城镇户口的比例为 62.50%。省内外来人口比例较低，说明许多居民迁居都是在获得本地户口之前进行的，这就导致户口对省内外来人口的影响最弱。我们也检验了其他自变量之间的相互作用。结果显示，工作变动与第一居所的状况关系密切，相比于租房的人，自有住房的人不太可能因为工作变动而迁居，而住在集体宿舍的高技能劳动力如果要换工作，则需要从原工作单位提供的宿舍中搬出。

6.6 小　　结

居住迁移与住房市场的运作紧密相关，并对劳动力流动、资源有效配置和城市空间结构有重要影响（Li and Siu，2001；Caldera and Andrews，2011）。随着经济转型的深入和高等教育毕业生数量的不断增加，高技能劳动力在国内流动人口和城市社会中所占的比重越来越大。不同于传统进城务工人员，高技能外来人口的居住行为与本地的高技能劳动力存在明显差异。本章分析了高技能外来人口居住迁移的影响因素，并将其与本地高技能劳动力进行了比较。

实证结果表明，高技能本地人口和外来人口表现出不同的居住迁移特征，省内和省外高技能外来人口的迁居行为均比本地高技能劳动力频繁。当然，在解释这一结果时需要谨慎，因为本章研究中未涉及毕业后返乡的高技能劳动力，因此在外定居的高技能劳动力可能已经是一个自选择后的群体。控制了住房所有权因素的影响后，本地人口和外地人口之间的差异并不明显。本地人口对本地住房市场更加了解，也更易利用父母在本地积累的资源，从而更早获得住房。对于外来人口来说，即使是高技能劳动力，也需要几年的时间才能熟悉本地劳动力与住房市场，并在流入地积累经济与非经济资源。此外，考虑到就业前景与住房负担能力，外来人口可能需要一段时间来决定是否在目标城市定居。因此，与本地人口相比，外来人口虽然获得住房产权的时间相对较晚，但越来越多的人呈现出一种向上的居住流动性，这主要是因为他们较好的职业前景帮助他们在住房生涯中积累了资源。外来人口的居住迁移更频繁，表明他们有更多机会沿住房阶梯向上攀登。

中国高技能外来人口的居住迁移与市场经济条件下的居住迁移越来越相似，生活轨迹在决定迁移可能性方面起着更重要的作用。同居/结婚/生育等家庭生涯中的事件对居住迁移的影响显著。职业生涯往往与居住迁移有关，特别是工作改变。然而对于拥有自有产权住房的人来说，职业生涯的影响并不那么重要。住房生涯对居住迁移具有重要意义，特别是住房类型。大量的高技能人口住在单位宿舍且迁居可能性较小，这可能是因为高技能人口的单位宿舍租金较低且住房质量较好，这种住房条件也是一种隐形的工作福利。在性别差异方面，本地男性迁居可能性更低，这与大多数现有发现不太一致。这可能是因为在中国传统观念中男性应该提供住房，而本地男性在婚前更有能力准备好住房，因此他们能够较早地实现稳定的居住状态，迁居频率更低。

在中国，市场性因素与制度性因素两者对居住行为的影响存在争议。之前的研究已发现在转型时期的中国，市场机制和制度机制在居民住房行为中发挥着至关重要的作用（Li，2003；Huang and Deng，2006；Liu and Chai，2013）。本章使用 2013 年南京市高技能人口住房调查数据，发现当下商品房已成为中国城市居民获得住房的主要类型（Liang，2013）。实证结果表明，户口、工作单位类型、政治面貌等制度性因素对城市高技能劳动力的居住迁移不再发挥主要作用。这一发现支持了市场转型理论的假设，即市场力量的作用增强，而制度性因素的作用逐渐减弱（Nee，1989）。需要注意的是，这一发现不一定适用于落户限制严格的北京、上海等一线城市。

第7章

住房生涯中住房区位选择及其影响因素

7.1 引　　言

住房区位的变化构成了住房生涯的空间维度，折射出社会空间分层与城市空间重构（Wu，2004c；Li and Mao，2017）。住房区位不仅是人们的财富以及社会地位的体现（Arundel and Hochstenbach，2018），还在一定程度上影响着人们获取基础设施、优质教育资源、工作的机会，从而引发了“空间剥夺”与“社会公平”等问题。大量研究证实了社区环境、工作可得性、交通可达性在住房区位选择上的重要性（Hu and Wang，2019）。城市发展的不均衡加剧了住房价值的差异，住房市场的空间极化在区域之间、城市之间以及社区之间等不同空间尺度上显现（Arundel and Hochstenbach，2018）。居住区位选择成为住房研究、交通研究和城市研究的重要议题。随着中国住房改革的推进，城市居民变更居住区位、进行住房调整的行为日趋频繁。然而，现有研究主要考察居住迁移的发生概率和驱动因素，较少论及居住迁移前后的区位变化。因此，探究居住迁移中居住区位的变化特征及影响因素，对理解城市空间分异具有重要意义。

国内外地理学界已经对居住区位开展了系列研究，着重分析了居民区位选择的影响因素（张文忠和刘旺，2004；Kim et al.，2005；Cui et al.，2014；Cui，2020）。总体上，学者认为居住区位选择同时受到城市层面和个人层面因素的影响（张文忠，2001）。相较于西方，国内相关研究成果有限，且已有的研究更偏重对城市层面因素的分析，从群体角度理解居住区位选择和居住空间分异过程。例如，杜德斌等（1996）从不同收入、家庭结构、职业和户口的居民的居住需求和住宅消费观念等角度解释了深圳蛇口工业区的居住空间分异；张文忠等（2003）用居住选址空间偏好的差异解释了北京市的居住空间分布格局；周素红和刘玉兰（2010）则从居住-就业空间匹配、城市空间拓展、阶层分化等角度剖析了广州市居民居住区位选择的主要影响因素。

然而西方研究更多从个体层面理解居住区位选择的动因，并重点考察个体生命历程、居住区位可达性以及住房特征等因素的影响。①生命周期或生命历程。例如，Kim 等（2005）发现，年龄以及是否需要照顾子女会影响居民在居住迁移中对通勤距离的考量；Smith 和 Olaru（2013）也发现，不同年龄和生命周期阶段的居民在住房偏好和住房迁移选择上存在差异。其他研究还发现，有无子女（尤其是学龄前子女）是影响居民居住区位选择的重要因素（Simpson，1987；Sermons and Koppelman，2001；Lee and Waddell，2010）。②可达性。人们进行居住区位选择的决策时会在公共物品或服务（如学校、治安、公共交通）、工作地、开放空间、购物空间和休闲空间的可达性之间做出取舍（Weisbrod et al.，1980；Young，1984；Bayoh et al.，2006；Chen et al.，2008；Wu et al.，2013）。其中，出行时间（尤其是通勤时间）是影响居住区位选择的重要因素（Kim et al.，2005；Prashker et al.，2008；Tillema et al.，2010）。有研究认为，家庭活动节点的分布是解释居住区位决策的重要变量（Olatubara，1998）。由于有车居民和无车居民的出行能力和活动半径存在巨大差异，因此汽车自有状况和对汽车使用行为的态度也是影响居住区位选择的重要因素（Choocharukul et al.，2008；Prashker et al.，2008；Pinjari et al.，2011）。③住房特征。住房产权、各类住房设施和社区服务也是迁居决策中考虑的重要方面（Schirmer et al.，2014）。例如，很多家庭在选择居住区位时会同时考虑住房产权的获得（Harold and Leonard，1991），因此住房产权往往是居住区位选择的一个重要影响因素（Fang et al.，2015），而影响不同住房产权居民的居住区位选择的因素也不同（Yi and Lee，2014）。还有研究发现，房价和租金对居住区位选择有显著影响（Kim et al.，2005；Choudhury and Ayaz，2015；Źróbek et al.，2015）；社区设施（Tillema et al.，2010）和学校质量及社区噪声水平等社区质量（Friedman，1981；Choudhury and Ayaz，2015；Źróbek et al.，2015）也是居住区位选择中考虑的重要内容。

总的来说，目前已有研究中仍存在以下三方面局限。第一，虽然国外对于居住迁移的区位选择的研究相对比较成熟，但由于中国的政治经济环境、城市发展阶段、住房供给体制、社会文化背景等与西方存在较大的差异，国外的相关理论和实证结论不一定适用于中国情境，因此有必要对中国居民居住迁移中的区位选择开展更多的实证研究。第二，目前国内对居住区位选择影响机制的探究主要从社会群体或城市空间结构分异的角度展开，较少从个人层级上进行分析。然而，由于目前人们的住房选择日益多元化，群体的居住偏好和城市的住房供给日益异质化，相关研究应该更多从个体层面展开分析。第三，目前国内对居住迁移中区位选择的调查数据和分析方法尚不够多元。现有对居住区位选择的研究大多基于截面数据（即仅对当前居所的区位进行分析），较少利用回溯性数据考察居民居住迁移前后的区位变化。此外，尽管目前在居住迁移的研究中已经采用了生命周期或生命历程视角（Geist and McManus，2008；Bailey，2009；Findlay et al.，2015）和时间地理学方法（古杰等，2013；谭一洺等，2017），但是这些研究更多地解释居住迁移行为发生的概率或居住偏好，鲜有研究将其用于分析居住迁移前后的区位变化。

因此，本章基于 2018 年上海市居民住房和生活空间调查，结合中国国情，探究以下问题：①居民居住区位变动的时空轨迹在不同世代、户口、住房产权的居民之间是否存在差异？②生命历程、可达性、住房特征以及制度性因素分别如何影响居民居住区位的变动？

7.2 研究设计

本研究基于 2018 年上海市居民住房和生活空间调查，从生命历程和时间地理学视角，利用时空路径可视化方法刻画了居民居住区位变动的时空轨迹，揭示了不同世代和户口群体之间居住迁移前后的区位变化，探究住房权属与区位的关系；利用多项逻辑斯蒂回归模型，在个人层面深入剖析居住迁移前后居住区位变化的影响因素。

时间地理学作为个体行为过程的分析方法之一，整合了人类行为的时间和空间维度，建立了一个在时空轴上动态描述和解释行为活动的框架。时空路径是该框架中的基本概念工具，经常被用来记录个体日常活动或居住迁移在时空中的轨迹（赵莹等，2009）。时空路径是由二维地理平面中的一个空间坐标点和一个时间轴上的点共同构成的三维空间中的轨迹。时空路径开始于出发点，结束于终止点，由于个体不能在同一时间内存在于两个空间中，所以路径总是不间断的。个体在参与生产、消费和社会活动时，需要停留在某些包含一定设施并具备一定职能的停留点上，称为驻所（如家、工作地等）（柴彦威，1998）。

本节采用 ArcGIS 软件和 Space-Time Path 插件对个体居住迁移的时空路径进行可视化。图 7-1 是一个个体居住迁移的时空路径示意图，研究区域被压缩为二维平面，纵轴为居住迁移的年龄。如果个体的居住地点不发生变动，其时空路径为一条垂直于地图的线段，如果发生居住迁移，其时空路径表现为一条平行于地图的水平线。图中该个体在第一个居住地的居住经历从其出生开始，先后迁居两次。

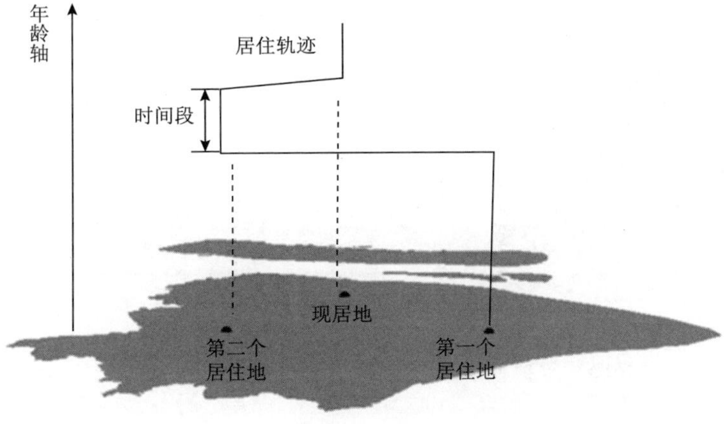

图 7-1　居住轨迹时空路径可视化示例

在刻画居民区位变化时，本研究将区位的变化情况分为 5 种类型，即搬迁前后都居住在内环以内，搬迁前后都居住在内环与中环之间，搬迁前后都居住在中环之外（中环与外环之间以及外环以外），跨环线向内搬迁，跨环线向外搬迁。为探究上海市居民居住迁移的区位变化的影响因素，基于现有文献，本章从生命历程、可达性、住房属性以及个人社会经济属性（包括制度性因素和控制变量）4个方面来确定变量。生命历程方面选择了世代、婚姻、生子3个变量，可达性方面选择了工作单位区位、汽车所有权2个变量，住房属性方面选择了产权性质、小区类型2个变量，制度性因素方面包括了政治面貌、户口、工作性质3个变量，控制变量包含了性别、受教育程度、家庭收入、职业4个变量。各变量的具体处理方法如表7-1所示。

表 7-1　变量选取及处理方法

变量类型	指标	处理方法
生命历程	世代	“60后”赋值为0，“70后”赋值为1，“80后”赋值为2，“90后”赋值为3
	婚姻	已婚赋值为1，未婚赋值为0
	生子	有孩子赋值为1，没有孩子赋值为0
可达性	工作单位区位	内环以内赋值为0，内外—中环之间赋值为1，中环以外赋值为2
	汽车所有权	有车赋值为1，没有车赋值为0
住房属性	产权性质	持续租赁型（R→R）赋值为0，持续自有型（O→O）赋值为1，租赁转自有（R→O）赋值为2，自有转租赁（O→R）赋值为3
	小区类型	商品房赋值为1，其他类型赋值为0
制度性因素	政治面貌	党员赋值为1，非党员赋值为0
	户口	老上海人赋值为0，新上海人赋值为1，外来城镇人口赋值为2，外来农业人口赋值为3
	工作性质	体制内赋值为1，体制外赋值为0
控制变量	性别	女性赋值为1，男性赋值为0
	受教育程度	本科及以上赋值为1，其他赋值为0
	家庭收入	小于10万元赋值为0，10万～30万元赋值为1，30万元以上赋值为2
	职业	单位负责人及专业技术人员赋值为1，其他赋值为0

7.3　中国城市居民居住区位变动

图 7-2（a）和（b）分别展示了基于世代和户口分类的上海市居民居住迁移的时空轨迹。将上海市的地理空间压缩成二维平面图，构建了居住轨迹图，纵轴

为迁居时的年龄。整体来看，居住迁移从20岁开始逐渐增多，在30岁左右达到顶峰，随后呈下降趋势，并在50岁左右保持在较低的水平上。上海市居民的居住迁移方向以自市中心向四周扩散为主，基本反映了20世纪90年代以来上海市居住空间的郊区化趋势，也与已有关于上海市居住和就业郊区化的研究发现基本一致（王春兰和杨上广，2015；王德等，2016）。

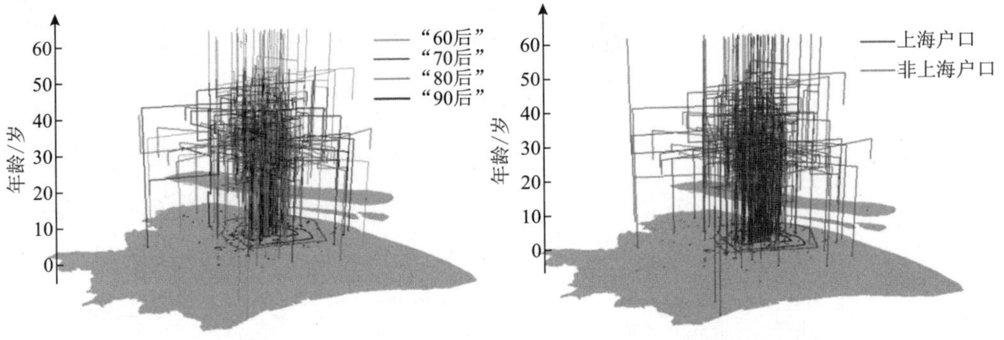

(a) 基于世代分类　　(b) 基于户口分类

图7-2　上海市居民居住迁移时空轨迹（文后附彩图）

不同世代居民的居住迁移时空轨迹（包括迁居起始年龄和迁居方向）存在明显差异，这与不同世代所处的住房市场制度环境和城市空间结构紧密相关。对于"60后"而言，受福利性住房分配制度影响，他们年轻时居住迁移的频率极低，直到40岁以后，随着住房市场化改革，其迁居行为才渐渐增多，且多为从远郊区向市中心的长距离迁移，反映了城镇化早期人口向建成区集聚的现象。对于"70后"而言，迁移的年龄有所提前，主要集中在30多岁，迁移方向多为从郊区向市中心。"80后"群体居住迁移更加年轻化，在25岁左右即已出现频繁的居住迁移，迁居方向在城市郊区化的大背景下也更多地表现为从市中心向郊区迁移。"90后"群体由于观测时间较短，大部分样本只存在一次居住迁移经历，且迁移的起止点主要在市中心。

上海本地人口与外来人口居住迁移轨迹的差异也较为显著。如图7-2（b）所示，相较于上海本地人口，外来人口居住迁移的起始年龄和迁移方向都更为集中，这与他们往往在特定年龄阶段居住于上海的情况（一般成年后来到上海，中老年后离开上海）有关。上海本地人口的迁居大多始于18岁，在30岁左右达到迁移数量高峰，且随着年龄的增加迁移率仍然很高，40 岁之后仍有相当一部分的本地人口进行居住迁移，可以理解为本地人口持续通过居住迁移来改善住房条件。外来人口在上海的住房生涯多始于 20 岁之后，在 25 岁左右迁移次数明显增加，且在 40 岁之后逐渐减少。从迁移方向看，本地人口在迁移中更多占据优越的居住区位，在内环内迁移或跨环线向内迁移的比例较高；而外来人口受限于房价和迁移成本，呈现出中环以外就近迁移和跨环线向外迁移并存的特征。

图 7-3 更明确地呈现了上海户口和非上海户口居民的跨区迁移路径。可以发现，本地人口迁移前后的区位多集中于中心城区，但向城市郊区迁移尤其是向浦东新区、闵行区和宝山区迁移的数量也较多。数据显示，本地人口迁出地排名前三的为杨浦区、浦东新区和徐汇区，主要迁入地为浦东新区、静安区和杨浦区。相较而言，外来人口的区位分布较为分散，向郊区蔓延明显。浦东新区和闵行区为其主要的迁出地，而浦东新区、杨浦区和远郊的松江区为其主要的迁入地。

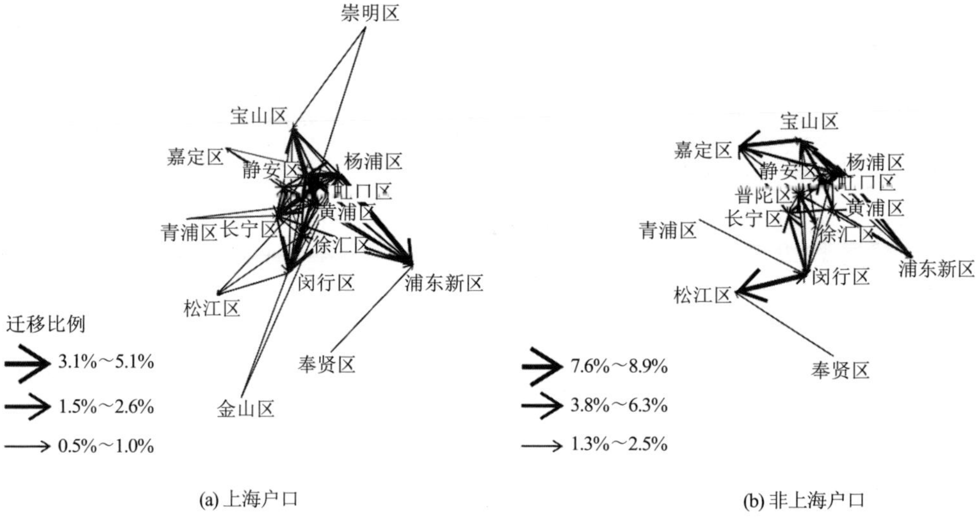

图 7-3　上海市居民跨区迁移流向

7.4　中国城市居民居住区位与产权变化

本研究进一步对居住迁移前后的区位变化与产权变化进行了交叉分析，并比较了本地人口和外来人口的差异（图 7-4）。从区位变化看，上海本地人口与外来人口的居住区位均呈现出多样化的发展态势，同环线内部迁移与跨环线迁移并存，跨环线向内与向外迁移两个方向共存。同时，两个群体在居住区位选择上也存在明显的差别。上海本地人口以跨环线迁移为主，其中跨环线向外迁移稍多于跨环线向内迁移，在同一环线区域内部迁移的样本分布较为均匀。外来人口的迁移则以在中环以外、跨环线向外迁移为主，跨环线向内迁移也占一定比例，但在内环以内、中环以内迁移的较少。

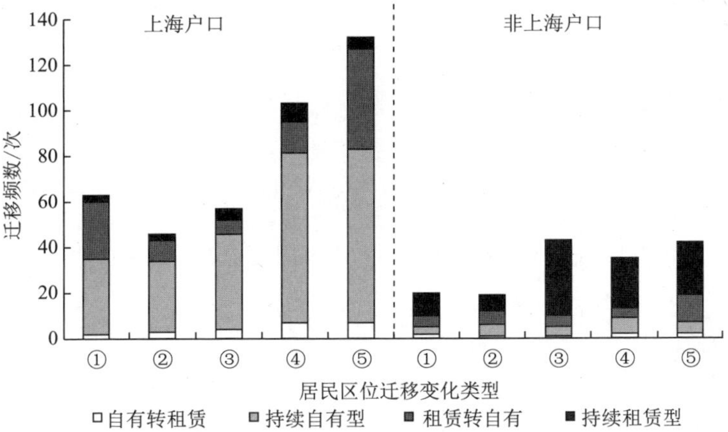

注：①搬迁前后都居住在内环以内；②搬迁前后都居住在内环与中环之间；③搬迁前后都居住在中环之外；④跨环线向内搬迁；⑤跨环线向外搬迁

图 7-4　居住区位与住房产权变化

基于迁移前后住房的产权性质，可将住房产权变化分为以下 4 种情况：持续租赁型（R→R）、持续自有型（O→O）、租赁转自有（R→O）、自有转租赁（O→R）。上海户口和非上海户口居民在住房产权变化上的差异更加明显，上海本地居民以持续自有型（O→O）为主，即居住迁移多为改善型迁移，而外来人口以持续租赁型（R→R）为主。结合居住迁移的区位变化和产权变化，可以发现本地人口和外来人口住房由租赁向自有转变（R→O）往往伴随着居住区位跨环线向外迁移。另外，可能由于持续租赁型的外来人口对住房成本较为敏感，较难负担中环以内的房租，故多集中在中环以外。

7.5 中国城市居民住房区位选择的影响因素

本研究使用多项逻辑斯蒂回归模型探究居住迁移区位选择的影响因素。模型结果（表 7-2）显示，生命历程变量中，出生世代与居住迁移的区位选择密切相关。“60 后”一直在内环居住的概率较高，而“80 后”和“90 后”更可能居住在城市中环以外的地区。住房市场化改革以及城市空间重构对不同世代的居住空间选择有重要影响。中老年人在城市发展早期通过单位分房得以聚居在城市中心；伴随着城市郊区化以及住房价格的快速上涨，年轻人大多或主动或被动地在中环以外居住。然而，结婚、生子等生命历程事件对迁居的区位选择并无显著影响，这可能是因为这些生命历程事件的影响已经体现在世代变量中，也可能是由于上海市不同居住区位无法完全满足伴随不同生命历程事件的需求变化（例如，虽然人们在结婚和子女出生后更倾向居住在有较多绿地和较少机动车的郊区，但是由于好的学区集中在中心城区，因此在结婚或养育子女时往往仍选择住在中心城区）。

表 7-2 居住迁移区位变化的多项逻辑斯蒂模型

（参照组：中环以外→中环以外）

自变量	内环以内	内环—中环之间	跨环线向内	跨环线向外
生命历程				
出生队列（参照组：“60 后”）				
“70 后”	−0.520	−0.333	−0.237	0.154
“80 后”	−1.342**	−0.826	−0.951**	−0.484
“90 后”	−1.508*	−1.207	−1.501**	−0.698
已婚	−0.192	0.620	−0.531	−0.090
有孩子	−0.698	−0.621	−0.381	−0.684
可达性				
工作区位（参照组：内环以内）				
内环—中环之间	−1.439**	−0.048	−0.745	−0.583
中环以外	−3.265***	−1.935***	−2.060***	−1.821***
汽车所有权（参照组：无车）	−0.033	−0.246	0.532	0.267

续表

自变量	内环以内	内环—中环之间	跨环线向内	跨环线向外
住房属性				
产权变化（参照组：R→R）				
O→R	0.114	0.450	0.180	0.304
R→O	1.156*	1.010	1.057**	−0.077
O→O	−0.106	0.306	−0.096	−0.123
小区类型（参照组：其他）				
商品房	0.108	0.405	−0.044	0.343
制度性因素				
户口（参照组：老上海人）				
新上海人	−11.688***	−0.153	−1.228	−0.336
外来城镇人口	0.292	0.148	0.221	0.019
外来农村人口	−0.140	−0.373	−0.257	−0.906*
政治面貌（是党员，参照组：非党员）	−2.819**	−0.082	−0.313	−0.019
工作性质（体制内）	0.670	0.493	0.666*	0.254
控制变量：个人社会经济属性				
性别（参照组：男性）	0.494	0.422	0.293	0.166
家庭收入（参照组：小于 10 万元）				
10 万～30 万元	1.114**	0.138	0.461	0.469
30 万元以上	2.461***	1.075	1.293**	1.660***
职业（单位负责人及专业技术人员）	−0.807	0.881**	−0.258	0.104
教育水平（本科及以上）	−0.180	0.318	0.249	−0.038
常数项	1.156	−0.396	1.753**	1.229
有效样本数	560			
Pseodu R^2	0.141			
Log likelihood	−744.889			
Wald chi^2	1104.280			

* $p < 0.10$，** $p < 0.05$，*** $p < 0.01$。

在可达性变量中，工作单位区位与居住迁移的区位选择紧密相关。与居住区位的划分类似，我们将工作地按环线划分为三类：内环以内、内环—中环之间、中环以外。从模型结果看，工作单位处于内环—中环之间的居民相较于在内环工作的居民更不会居住在内环以内；换言之，在内环以内工作的居民更有可能居住在内环以内。居住地和工作地间的距离是影响居民居住迁移区位选择的重要因素，通勤的便利使其愿意承担住在内环较高的住房成本。工作单位位于中环以外的居民在迁居前后都更有可能住在中环以外。与西方研究结论不同，是否拥有私家车与上海市居民居住迁移的区位选择相关性不显著，这可能是由于上海市住房购置成本远高于汽车购置成本，因此是否有车对于是否搬至一些偏远的居住区位影响不大，而更可能是搬迁到郊区后才会根据需求购车。另外，上海的私家车牌照拍卖制度也可能使得私家车对居住区位选择的影响与西方国家的城市不同。

在住房属性变量中，产权的变更与居住迁移的区位变化显著相关。具体而言，迁移过程中新获得住房产权[即从租房变为买房（R→O）]的群体，其居住区位变化更多是迁居前后都在内环以内或在迁居过程中实现了跨环线向内迁移。这一发现与已有研究发现有所不同。一般认为，人们在做住房决策时会在产权与区位之间进行权衡，即可能为了获得住房产权而选择相对偏远、房价较低的区位。例如，Fang 等（2015）发现，在北京市购房的群体更多选择在近郊区而较少选择在中心区的区位。然而，本研究发现上海居民在居住迁移过程中新获得住房产权的群体更多保留了在中心区的优势区位或实现了向内迁移的区位提升。这说明一部分上海居民能够同时实现住房产权与住房区位在住房阶梯中的上升，这对理解伴随着居住迁移的住房分异具有重要意义，值得未来研究进一步关注。不过，社区类型对居住迁移的区位选择没有显著影响，说明是否为商品房小区并非人们住房区位选择的主要因素。

在制度性因素方面，与描述性分析一致，不同的户口属性呈现出了不同的居住区位变化。相较于在早期就在市中心拥有住房的本地人口，新上海人在居住迁移区位选择上的劣势凸显，他们很少居住在内环以内，而更可能居住在中环以外。从职业类型看，具有较高社会地位的管理者和专业技术人员比从事其他职业的人员更可能居住在内环与中环之间。体制内工作的人凭借制度优势（房改房、集资房、住房补贴和住房公积金等）更有可能进行资本积累，从而实现跨环线的向内迁移。相较而言，党员在居住迁移区位选择上的优势并不凸显，他们反而不太可能居住在内环以内。

7.6 小　结

随着中国住房改革的推进，城市居民通过居住迁移进行住房调整的行为日趋频繁。居住迁移作为城市空间分异和重构的微观机制在城市地理学、住房研究中得到了广泛的关注，然而现有研究主要考察居住迁移的发生概率和驱动因素，较少论及居住迁移前后的区位变化。本章基于2018年上海市居民住房和生活空间调查数据，利用时间地理学的时空路径可视化方法和多项逻辑斯蒂回归模型系统分析了上海市居民居住迁移中的区位选择模式及其影响因素。研究发现如下现象。

上海市居民居住迁移以跨环线向外迁移为主，但是不同世代、不同户口、不同住房产权的居民在居住区位变动中呈现出显著不同的时空特征。相较于中老年世代而言，年轻世代迁居起始年龄普遍较小，且呈现出由市中心向郊区迁移的趋势；相较于较早年代就在城市中心拥有住房的本地人口，外来人口在居住迁移区位选择上的劣势凸显，很少居住在内环以内，而更可能居住在中环以外，迁移年龄和迁居方向都更为集中；住房产权由租赁向自有转变（R→O）的居民，往往伴随着居住区位跨环线向外迁移。

在影响居住迁移区位选择的因素中，个人的生命历程、可达性和住房属性，以及制度性因素均发挥着重要作用。具体而言，中老年世代（“70后”及以前的人群）的迁居主要集中在城市中心地区，而年轻世代（包括“80后”及以后）更可能在城市中环以外迁居，结婚、生子等生命历程事件对其居住区位选择无显著影响。在可达性因素中，工作单位的区位与居住区位呈现较高一致性，通勤仍是人们在进行居住区位选择的重要影响因素；居住迁移最可能发生在工作变动的同一年或下一年，反过来，迁居也有可能引发工作变动。是否拥有私家车对居住迁移区位选择的影响不大。住房属性中的产权与居住迁移的区位变化显著相关，部分居民在居住迁移中实现了住房产权获得和住房区位的同步改善；相较于在较早年代就在城市中心拥有住房的本地人口，新上海人在居住迁移区位选择上的劣势凸显，体制内工作的居民更有可能进行资本积累，从而实现跨环线的向内迁移。

第8章

住房生涯分化特征及其影响因素

8.1 引　　言

与住房产权获得和居住迁移不同，“住房生涯”这一概念强调居住经历的演变过程。Kendig（1984）首次提出了“住房生涯”的概念，尝试从居住迁移、住房阶层的角度去解释住房生涯；强调住房市场供需之间的联系，并将住房产权与更宽泛的社会不公平问题联系在一起。Pickles 和 Davies（1991）从家庭的角度出发，将住房生涯定义为家庭住房史中的住房序列。Clark 和 Huang（2003）在此基础上做了进一步的补充，认为住房生涯是个人或家庭在生命历程中的居住经历序列，即以住房区位、权属、质量、价格等属性定义的住房状态的时间序列，强调个人或家庭在改善住房条件过程中的状态集合。

随着房价的飞涨，住房机会的碎片化在重塑社会不平等方面发挥着重要的作用（Hirayama，2010）。与许多西方国家类似，中国城市居民在住房生涯中也面临着诸多挑战，本地人口与外来人口之间的住房分异成为学者关注的议题。住房价格的持续上涨引发的住房可支付问题，加剧了城市居民的住房负担。然而受户籍制度以及较低收入水平的影响，长期以来流动人口被置于主流住房体制之外，租房成为流动人口的常态（吴维平和王汉生，2002）。除此之外，随着中国住房制度的市场化改革深化，不同世代群体面对着截然不同的住房机会，在生命历程的转折阶段或关键时期会表现出群体性行为差异特征，呈现出不同的居住轨迹。例如，在福利住房体制中，住房作为一种福利以租赁的形式提供给居民，一定程度上限制了居民的住房选择及住房生涯。在房改房阶段，住房自有率显著上升，在体制内工作的居民在住房产权的获得上更具优势（吴开泽，2017）。住房市场化的推进改变了城市居民住房产权获得的方式，为城市居民提供了更优的住房条件以及多样化、个性化的住房选择，住房轨迹和住房生涯也更趋多样化。除了制度性因素外，市场性因素对个体住房生涯的影响仍较为重要。收入作为反映住房负担能力的重要指标，对揭示不同收入群体之间的住房生涯分化具有重要意义。

为了更好地揭示不同群体之间的住房分异，本章采用“住房生涯”这一概念，首先利用序列分析法初步揭示不同社会群体的住房生涯序列，其次聚焦本地人口与外来人口，对他们住房权属和区位的变化进行刻画，并揭示其影响因素，旨在回答以下问题：①外来人口与本地人口、新生代与老生代、不同收入群体的住房类型序列是怎样的？②外来人口与本地人口在住房产权和住房区位上的变化是怎样的？引起这些差异的因素有哪些？

8.2　住房生涯相关研究

住房生涯可以定义为“一个家庭过往居住轨迹的全过程”（Pickles and Davies，1991）。在相关文献中，这个术语经常与“住房轨迹”（housing trajectory）和“住房路径”（housing pathway）交替使用（Gober，1992；Murdie，2002）。从生命历程的角度来看，住房生涯与家庭生涯（如婚姻、生子等）、职业生涯密切相关（Clapham，2002）。这些平行的生涯共同作用，影响人们的住房需求，促使人们改变居住环境（Mulder and Hooimeijer，1999）。此外，宏观背景变量包括住房市场状况、宏观经济环境和制度性因素，在塑造个人住房行为方面发挥着重要作用（Feijten and Mulder，2002）。总之，住房生涯是微观层面的资源约束与宏观层面的复杂制度环境相互作用的结果。

大多数实证研究集中于住房生涯中的“离散事件”，如居住迁移或住房获得，以及此类事件的时间如何与生命历程中的其他事件相关联（Clark et al.，1997；Mulder and Wagner，1998；Feijten and Mulder，2002）。然而，对离散事件的关注忽视了其与住房状况的紧密联系（Clark et al.，2003）。正如生命历程理论所强调的，单个事件不应该彼此孤立，而应该在连续的生命历程中理解（Coulter and van Ham，2013）。在生命历程中，人们通过居住迁移来改变各种住房属性，可以将其视为他们住房生涯的“步骤”。人们常常从一个相对较低的住房水平开始其住房生涯，然后搬到一个更令人满意的住所，表现出等级进步，这被称为“住房阶梯”。当然一些研究也指出住房阶梯上存在横向和向下的移动（Bolt and van Kempen，2002）。

在住房属性中，住房权属和住房区位受到特别关注。租赁住房往往在住房生涯的开始阶段占主导地位，然后过渡到自有产权住房。这可能是因为自有产权住房的质量通常更高，并为房主带来经济和心理上的安全感（Huang，2004；Wang and Otsuki，2015；Foye et al.，2018）。住房区位的变化构成了住房生涯的空间维度（Wu，2004c；Li and Mao，2017）。已有文献发现，在美国不同规模城市的市中心和郊区之间具有较高的迁移率（Stovel and Bolan，2004）。在郊区化过程中，中产阶级家庭更有可能迁往郊区（South and Crowder，1997）。家庭生涯的发展也影响着住房区位的选择。年轻未婚个体和没有子女的夫妻更有可能迁至市中心，而有孩子的家庭更倾向选择郊区较大的住房（Frey and Kobrin，1982）。随着生命历程不断变化的住房类型和区位构成了个体和家庭的住房轨迹。

受国家制度、个人资源以及文化偏好的限制，不同群体之间住房生涯模式的异质性得到研究（Özüekren and van Kempen，2002）。在南欧国家，当政府福利较弱、就业不稳定时，与父母同住成为多数年轻人的普遍选择（Albertini et al.，2018）。相反，在住房自有率较低、租赁市场较为发达的北欧国家中，成年子女往往较早离开父母，并开始他们较长的租赁住房生涯（Lennartz and Helbrecht，2018）。不少学者对少数族裔之间的住房生涯进行了比较。例如，在荷兰，土耳其人和摩洛哥人受公共租赁制度的限制，不得不购买破旧的住宅（Bolt and van Kempen，2002）。在多伦多，较低的社会经济地位以及较大的家庭规模使得索马里人很难获得大小合适且质量较高的住房，其住房生涯的劣势更加凸显（Murdie，2002）。此外，尽管拥有较高的教育水平，加纳人在加拿大仍没有实现其向上的住房生涯（Firang，2019）。

Bolt 和 van Kempen（2002）将本地人和移民在住房生涯中存在差异的原因归纳为两类：一是不同的住房偏好和住房需求，二是不同的资源和限制。住房偏好的差异可能来自文化差异（如习俗、家庭传统和宗教）。但更具决定性的因素是本地人和移民在满足住房偏好和需求上的能力差距（Mulder and Wagner，1998；Sinning，2010）。生命历程理论指出这种能力是由个人层面的资源和更广泛的住房制度背景决定的（Mulder and Hooimeijer，1999）。个人资源可以分为四种形式：物质的、认知的、政治的和社会的个人资源（van Kempen and Özüekren，1998）。一般来说，移民在资源累积方面处于不利地位。他们往往收入低、储蓄少（物质资源），教育水平较低，对住房市场的了解有限（认知资源），缺乏进入劳动力市场和住房市场某些职位的正式权力（政治资源），社会网络薄弱（社会资源）。这些因素导致他们在住房生涯中处于相对弱势地位。

中国农民工在住房市场上的地位与西方国家的移民相似（Chan et al.，1999）。上述资源劣势适用于中国城市的乡城流动人口（Deng et al.，2016），且户口和其他的制度约束放大了他们在政治资源上的劣势（Li et al.，2005）。从住房偏好和需求的角度来看，许多农民工的目标是在家乡或家乡附近的小城镇或城市自建或购买住房，因此他们在流入城市并没有较强的购房意愿。关于中国农民工的住房问题已得到大量研究，而在流动人口中发挥越来越重要作用的高技能劳动力在住房研究中仍未得到充分认识。和低技能的农民工不同，高技能劳动力有更好的人力资本（受教育程度），并能将其直接转化为物质资源（正式工作和较高收入），这帮助他们克服了制度障碍（通过工作单位或买房落户，在校期间成为党员等），从而加强了他们在政治资源方面的优势。然而，由于缺乏对本地市场的了解和本地社会网络支持，他们的优势地位可能不能保证其在住房市场上拥有优异的表现。

本章旨在揭示高技能外来人口和本地人口的住房生涯差异和成因，并通过对不同社会群体住房生涯的刻画，强调个人和家庭在其生命历程中不同住房产权类型和区位的变化（Cui et al.，2015，2016a）。

8.3 研究设计

序列分析法能够有效利用丰富的纵向数据描述生命历程轨迹，这一方法通过一定的运算法则测算出生命历程之间的“相似性”，然后将其进行分类和可视化，为研究者从世代、时空的视角探究住房生涯提供了一种新的方式（Harts and Hingtsman，1986；Coulter and van Ham，2013）。为了分析住房序列，本章基于2018年上海市居民住房和生活空间调查数据，展示了上海市不同群体的住房类型序列，主要探究新生代与老生代、本地人口与外来人口以及不同家庭收入水平的群体在生命历程中住房类型是如何变化的。其中，住房类型主要分为自有和租赁两大类。自有包括购买商品房，购买单位房，拆迁安置房，继承、赠予或自建房四小类。租赁包括市场租赁，公租房、单位房，廉租房三小类。在社会群体的划分上，“80后”和“90后”为新生代，“60后”和“70后”为老生代。本地人口与外来人口基于出生时的户口划分。年收入小于10万元视为低收入，10万～30万元视为中等收入，30万元以上视为高收入。

另外，为了揭示外来人口与本地人口在住房权属和区位上的差异，本章还利用2013年南京市高技能人口住房调查数据，对本地人口、省内高技能外来人口和省外高技能外来人口住房轨迹进行刻画和归纳。在探究南京市外来人口与本地人口住房生涯影响因素时，我们将住房生涯归纳为四种模式，包括持续租赁型（R→R）、持续自有型（O→O）、租赁转自有（R→O）、自有转租赁（O→R）。研究以住房生涯模式（R→R、O→O、R→O、O→R）为因变量，将生命历程中对住房生涯类型产生影响的教育、家庭、职业生涯等因素以及中国背景下的制度性因素作为自变量，运用多项逻辑斯蒂回归模型解析其相关性。变量的具体设计如表8-1所示。

表 8-1　变量选取与设置

类别	指标	处理方法
住房生涯	住房生涯模式	R→R，持续租赁 O→O，持续自有 R→O，租赁转自有 O→R，自有转租赁
教育生涯	学历	职业学校赋值为 0， 本科赋值为 1， 硕士/博士赋值为 2
	本地毕业生	毕业于南京高校赋值为 1，其他地方赋值为 0
家庭生涯	家庭人口	家庭人口数量
	有孩子	有孩子
职业生涯	工作变动	工作变动频率
	家庭年收入	家庭年收入（单位：万元）
制度性因素	政治面貌	是中共党员赋值为 1，不是赋值为 0
	工作单位类型	政府/事业单位/国有企业赋值为 0， 外资企业/合资企业/民营企业赋值为 1， 其他/缺失赋值为 2
控制变量	性别	男性赋值为 1，女性赋值为 0
	户口	本地赋值为 0 落户的外来人口赋值为 1， 未落户的城市外来人口赋值为 2， 未落户的农村外来人口赋值为 3
	定居意愿	定居意愿从微弱到强烈的范围为 1～4
	住房生涯长度	单位为年

8.4　住房生涯序列

本节利用序列分析法，对上海市居民住房类型的变动序列进行分析，旨在揭示不同世代、户口、家庭收入的群体之间的住房分异。

8.4.1　新生代与老生代住房生涯中的住房类型变化

新生代和老生代的住房类型随时间发生了不同的变化（图 8-1）。在自有住房方面，老生代自购商品房的比例较低，购买单位房的比例较高，而住房生涯开始时就获得自有产权住房的新生代群体大多通过市场购买获得。在租赁住房方面，老生代租住于公租房或单位房的比例比新生代更高，新生代市场租赁住房的比例较高。不论是新生代还是老生代，一旦在住房生涯中获得自有产权住房，都会保持相对稳定的状态，住房类型很少发生转变。受住房市场化改革影响较大的老生代在住房产权获得的途径上相对多样，其中工作单位在自有产权住房获得中发挥了重要作用，而新生代在获得住房产权方面可依托的来自单位或政府的公共资源非常有限，主要通过市场获得。此外，新生代购买单位房多发生在其16～20岁阶段，很可能本身是父母的房子。

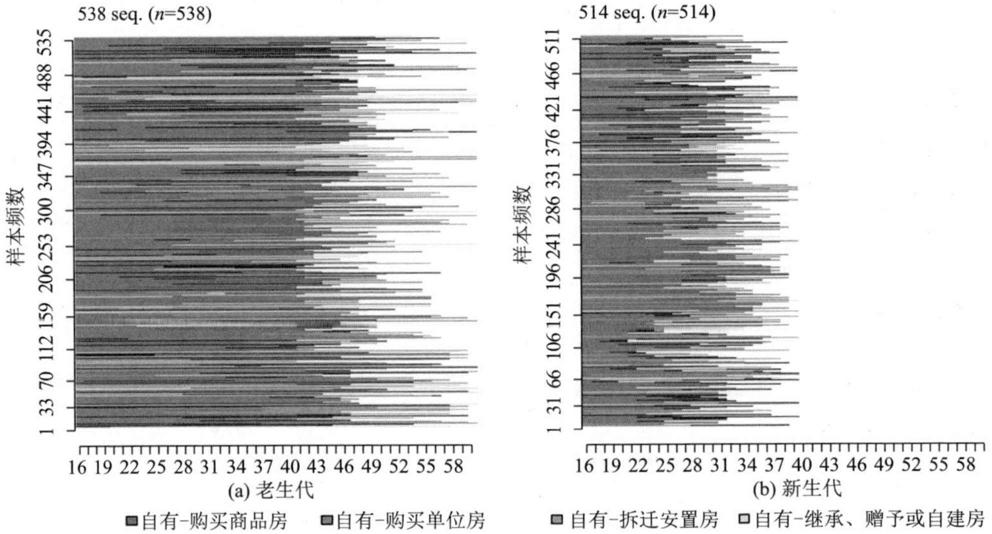

图 8-1　新生代和老生代住房类型序列（文后附彩图）

8.4.2　本地人口与外来人口住房生涯中的住房类型变化

图 8-2 展现了外来人口和本地人口住房类型随着生命历程变化的过程。具体来看，外来人口在上海市的住房经历大多从市场租赁和公租房或单位房开始。购买商品房或单位房是他们沿住房阶梯上升的主要路径。拆迁安置房和继承、赠予或自建房对于没有本地资源的外来人口来说难以获得。相较于本地人口，外来人

口不得不承担更高的住房成本，其获得住房福利的主要来源是单位，而不是政府补贴。对于本地人口而言，其在住房生涯开始时就拥有较高的住房自有率。除了购买商品房和单位房，本地人口获得拆迁安置房或继承家庭住房的比例也较高。也有一定比例的本地人口租住公租房或单位房，这一群体的住房类型较为稳定，很少改变。至于市场租赁，本地人口中较少出现，即使有，也往往是在住房的过渡期出现，持续的时间较短。

总体上，外来人口和本地人口在住房类型上的分异从一开始就形成了，本地人口更早地实现住房产权自有，并且可通过市场、家庭、政府、单位等多种途径获得自有住房，而外来人口主要通过市场，少数通过单位获得住房产权。在租赁住房方面，本地人很少租赁住房，即使租赁也多是通过有价格补贴的政府或单位租赁的，而外来人口租赁住房比例更高，且多通过成本更高的市场租赁，少数通过单位租赁，难以获得政府补贴的租赁住房。也就是说，外来人口的住房市场中不仅缺少本地资源的支持，而且难以获得政府在住房方面的公共补贴。

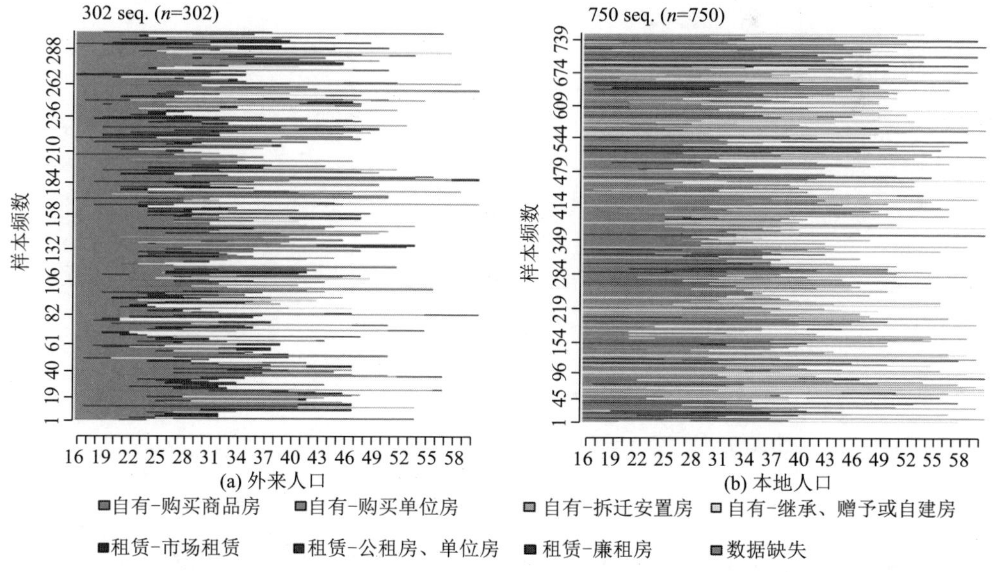

图 8-2　本地人口与外来人口住房类型序列（文后附彩图）

8.4.3　家庭收入与住房生涯中的住房类型变动

住房类型的变动在不同收入的群体之间也存在明显的差异（图 8-3）。低收入群体的住房自有率较低，其获得自有产权住房的方式主要是拆迁安置和继承父辈住房。在租赁住房方面，低收入群体多租住公租房或单位房，也有少数通过市场租房或租住廉租房。中等收入群体的住房自有率明显提高，其获得自有产权住房的主要途径是购买商品房。在租赁住房方面，中等收入群体主要租住公租房或单位房。高收入群体的住房自有率非常高，其获得自有产权住房的方式主要是购买商品房，也有少部分人是继承住房。在租赁住房方面，少有高收入群体租房，不过极少数人通过市场租赁住房或租住单位房。

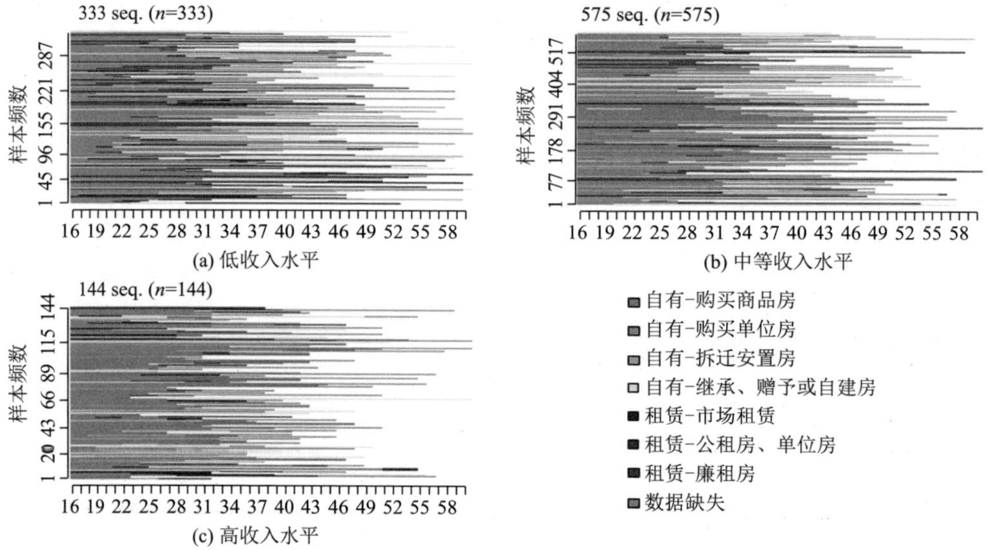

图 8-3　高、中、低收入群体住房类型序列（文后附彩图）

8.5　居民住房生涯分化特征及其影响因素

本节聚焦南京本地人口、省内外来人口、省外外来人口在生命历程中住房产权和区位的变化，以及由这些特征所反映出的住房生涯模式，并进一步探究住房生涯分化的影响因素。

8.5.1　住房产权变化

住房产权分为租赁住房和自有住房两大类，其中，租赁住房包括单位宿舍、市场租赁和其他租赁三小类，自有住房包括商品房、继承住房和其他自有三小类。如图 8-4 所示，本地人口、省内外来人口、省外外来人口在第一居所的产权类型上呈现明显差异。47%的本地人口第一居所是自有住房，而外来人口这一比例最高却只有 14%，两个群体在住房自有率上差距明显。截止到问卷收集时，本地人口和外来人口的住房自有率都有了大幅增长，本地人口、省内外来人口、省外外来人口的住房自有率分别上升至 65%、41%和 34%。外来人口在住房生涯中不断地向上攀登支持了同化理论，即住房自有和居住时间正相关。

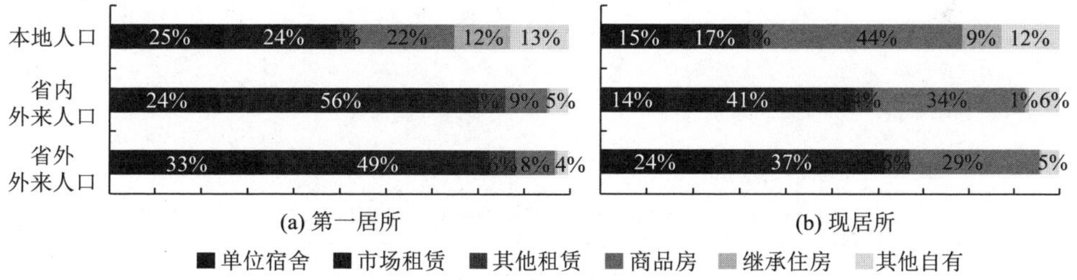

图 8-4　第一居所与现居所的产权类型

表 8-2 展现了外来人口和本地人口住房生涯中住房产权变化的过程。如果将每一次居住迁移视作住房生涯中的“一步”，那么外来人口获得自有住房通常需要比本地人口付出更长时间的努力，这也反映在外来人口较高的迁居频率。在以自有产权为目标的住房阶梯中，本地人口的实现速度要比外来人口快很多，通常不超过两步（O、R→O）。获得住房产权后，人们的流动性就受到限制。从自有到自有的转变（O→O、R→O→O、O→O→O、R→R→O→O）可能是伴随着住房质量的提升，即改善型购房，且这种转变发生在本地人口（10.5%）中的比例高于省内（4.2%）和省外外来人口（1.6%）。

表 8-2　住房产权变化过程（R：租赁，O：自有）（%）

住房产权	本地人口	省内外来人口	省外外来人口
R	23.1	39.4	47.5
O	36.1	10.3	9.7
R→R	8.1	13.4	12.4

续表

住房产权	本地人口	省内外来人口	省外外来人口
R→O	17.0	17.0	14.4
O→R	1.7	0.3	0.3
O→O	7.0	3.3	1.3
R→R→R	0.6	5.3	3.7
R→R→O	1.7	5.3	4.0
R→O→O	2.3	0.6	0.3
O→O→O	0.6	0	0
R→R→R→O	0.6	2.4	1.0
R→R→O→O	0.6	0.3	0
R→R→R→R→O	0	1.2	1.0
其他	0.6	1.2	4.4
归类	本地人口	省内外来人口	省外外来人口
R	32.6	58.5	66.6
O	44.2	13.6	11.0
R→O	20.9	27.6	22.1
O→R	2.3	0.3	0.3

根据本地人口、省内外来人口和省外外来人口的住房产权序列，可以将住房生涯归纳为四种模式（R、O、R→O、O→R）。无论是本地人口还是外来人口，在住房阶梯中所处的位置大多是稳定的，即大部分本地人口保持着自有住房的状态，而大部分外来人口则一直租房。从租赁到自有的转变在外来人口中的占比更高，这显示了他们在住房生涯中的向上流动性。此外，无论是本地人口还是外来人口，在住房阶梯中很少有向下移动的情况。

本地人口在住房产权方面的优势主要依赖财富的代际转移。本地人口购房时，家庭支持可以承担 50%以上的费用。相比之下，尽管许多外来人口也能得到家庭支持，但省内和省外外来人口家庭能负担的购房费用占比分别是 32.35%和 26.45%。超过 70%的外来人口不得不通过抵押贷款买房，而只有 37.50%的本地人需要抵押贷款。

8.5.2 住房区位变化

在区位上，本研究将南京分为市区和郊区。不同于美国的郊区化，中国的中心城区仍然是居民住房更优越的区位选择，城区房价远高于郊区。本地人口、省内外来人口、省外外来人口的第一居所和现居所（截止到问卷收集时）的区位选择如图 8-5 所示。相较于本地人口，外来人口住房区位的郊区化趋势更加显著。大多数的本地人口和外来人口住房生涯开始时均选择市区。截至问卷收集时，郊区的外来人口比例明显增加。

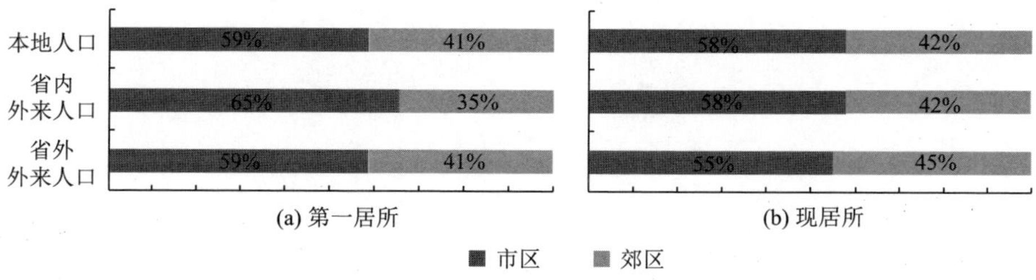

图 8-5　第一居所与现居所的区位

进一步将整个住房区位的变化过程分为四种类型，即 C（市区）、S（郊区）、C→S（向外流动）和 S→C（向内流动），如表 8-3 所示。本地人口和外来人口在住房区位的选择上都存在明显的区位依赖，超过 90%的本地人口和超过 80%的外来人口的现居所与第一居所都在同一地区。相比本地人口，外来人口从市区到郊区的向外流动的比例更高。总体上，本地人口和外来人口从郊区到市区的向内流动都相对有限。也就是说，外来人口表现出一种向外迁居的模式。

表 8-3　住房区位变化过程（C：市区，S：郊区）（%）

住房区位	本地人口	省内外来人口	省外外来人口
C	33.7	31.5	30.8
S	25.6	18.2	26.4
C→C	15.7	15.8	14.1
S→S	8.1	7.6	6.7
C→S	4.1	7.9	4.4

续表

住房区位	本地人口	省内外来人口	省外外来人口
S→C	3.5	3.0	3.3
C→C→C	2.3	4.6	2.7
S→S→S	1.7	1.5	1.3
C→C→S	0.6	1.8	2.7
C→S→S	0.6	0.6	0.3
S→C→S	1.2	0.9	0
C→C→C→C	0.6	1.2	0.3
S→S→S→S	0.6	0.9	1.0
其他	1.7	4.6	6.0
归类	本地人口	省内外来人口	省外外来人口
C	53.5	53.9	49.8
S	37.2	30.3	35.8
C→S	5.2	11.5	9.0
S→C	4.1	4.2	5.4

在住房决策时，住房产权和住房区位的选择往往是相互影响的。将两者结合起来，我们发现本地人口和外来人口的住房生涯存在明显不同的模式（图 8-6）。无论是在市区还是在郊区，外来人口以租赁为主，相当高比例的本地人口一直都自有住房。受市区和郊区之间房价差的影响，住房产权由租赁向自有转变时往往伴随着住房区位由市区向郊区的迁移。

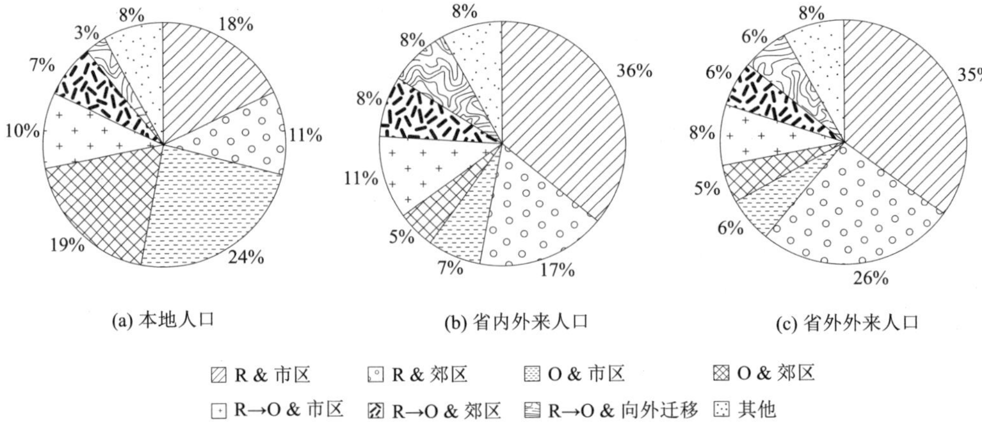

图 8-6 住房生涯模式比较

8.5.3　居民住房生涯分化的影响因素

为探究住房生涯分化的影响因素，以住房生涯模式（R、O、R→O）为因变量，租赁住房作为参照组，多项逻辑斯蒂模型回归结果如表 8-4 所示。所有自变量的 VIF 值均小于 2，不存在多重共线性问题。

表 8-4　多项逻辑斯蒂回归模型结果

（参照组：租赁）

自变量	自有	从租赁到自有
户口（参照组：本地人口）		
落户的外来人口	-1.468^{***}	0.057
未落户的城市外来人口	-1.795^{***}	-0.934^{**}
未落户的农村外来人口	-2.524^{***}	-1.634^{***}
在南京定居意愿	0.505^{***}	0.545^{***}
男性（参照组：女性）	−0.216	-0.466^{**}
住房生涯长度/年	0.141^{***}	0.206^{***}
教育生涯		
学历（参照组：职业学校）		
本科	0.263	0.758^{**}
硕士/博士	−0.076	0.570
本地毕业生	0.469^{*}	0.002
家庭生涯		
家庭人口	0.631^{***}	0.480^{***}
有孩子	0.723^{**}	0.848^{***}
职业生涯		
工作变动频率	0.006	0.018^{**}
家庭年收入	0.115^{***}	0.125^{***}
制度性因素		
政治面貌（是党员，参照组：非党员）	-0.562^{**}	-0.706^{***}
工作单位类型（参照组：政府/事业单位/国有企业）		
外资企业/合资企业/民营企业	−0.307	−0.156
其他/缺失	0.519	0.082
常数项	-5.281^{***}	-6.456^{***}
样本量	787	
Pseudo R^2	0.3284	

注：模型中的样本量为 787，由于户籍信息的缺失，8 个样本被排除在外。

$*p<0.10$，$**p<0.05$，$***p<0.01$。

户口对住房生涯类型的影响较为显著，本地人口与外来人口之间存在明显的住房等级差异。户口的分类基于初始和现在的户口状态，以出生在南京的本地人口为参照组。定居的外来人口即使克服了制度障碍且获得了南京户口，但仍然难以直接获得自有产权住房，较有可能先租赁后自有。尚未获得本地户口的外来人口的处境较差，尤其是来自农村的外来人口群体，其直接自有和先租赁后自有住房均存在较大困难。由此可以观察到一种住房等级梯度：本地人口往往一开始就自有住房，处于顶层；其次是已经落户的外来人口，他们通过先租赁后自有的模式获得自有产权住房；接着是未落户的城市外来人口；垫底的则是未落户的农村外来人口，他们往往只能租赁住房。即户口除了作为制度性因素影响住房生涯，还间接反映出城乡差距，从而导致外来人口住房生涯的差异。此外，人们在南京的定居意愿与住房自有、从租赁到自有两种模式都正相关。

住房生涯类型的性别差异也很显著。在社会经济地位相同的群体中，女性比男性更有可能获得自有住房。这可能是由于中国传统上认为男性在结婚时有义务负担住房，因此对于女性来说，婚姻成为获得住房的另一种途径。根据择偶梯度理论，男性倾向与受教育程度和职业地位较低的女性结婚，女性倾向与受教育程度和职业地位较高的男性结婚（Kalmijn，2013）。也就是说，社会经济地位相似的男性通常“向下娶”，女性通常“向上嫁”，这导致家庭层面的资源组合不同。

本科学历对于从租赁到自有的住房生涯模式有显著的正向作用，而硕士或博士研究生学历的影响虽然为正，但不显著，这表明教育的边际效用递减。从南京高校毕业的本地人口更有可能在住房生涯开始时就拥有自有产权住房，这可能归因于他们在本地积累的资源，也可能是因为他们对本地住房市场更加了解。此外，本地人口也不同于外来人口，并不需要有一个适应本地生活的过渡期。

家庭生涯的发展会增加拥有自有住房的概率，如家庭人口增加和子女出生。家庭收入主要由职业生涯产生，和住房自有正相关。政治面貌为党员和在公有部门（政府/事业单位/国有企业）工作这两个传统的制度性因素不再与住房生涯正相关，前者甚至有负向影响。我们实地调研发现，不少国有企业通过工资补贴为职工提供可租住的宿舍。传统的制度性因素已经不再能转化为获得自有住房的优势，但仍然可以转化为租赁住房的优势，这可能会导致政治面貌为党员对自有产权住房与从租赁到自有产生负向影响。

8.6 小　结

在生命历程的视角下，本章不仅关注住房生涯中的重要截面事件（如住房产权获得），更加强调将住房生涯作为动态过程的重要性，对较长时期内住房产权、区位等居住状态的变化轨迹进行描述和分析。在城市产业升级和高等教育扩张的推动下，城市人口构成日渐复杂和多样，不同群体的资源、能力、所受到的制度性和政策性约束直接影响到他们的住房需求、偏好和消费，由此形成多样的住房生涯模式。本章从出生世代、户口、收入划分不同社会群体，刻画住房轨迹，并探究住房生涯分化的影响因素。

本章研究发现，外来人口在住房生涯上的劣势不仅仅表现在住房产权上，还表现在住房区位、住房类型上。从个体住房生涯中住房类型的变动来看，住房类型的变动在不同群体之间有明显的差异。老生代单位房、继承房、自建房比例较高，新生代以购买商品房为主，市场租赁比例较高。外来人口主要通过市场手段获得住房，包括市场租赁和购买商品房，而本地人口能较多地获得来自政府和家庭的支持，购买单位房、拆迁安置房、继承房屋等占比较高。在家庭收入方面，收入越高的家庭购买商品房比例越高，且随着年龄增长，该比例不断增大。从住房区位来看，在以自有产权为目标的住房阶梯攀爬中，本地人口要比外来人口更快，通常不超过两阶段。从自有到自有的转变，即改善型购房，发生在本地人口中的比例高于省内和省外外来人口。从住房区位来看，本地人口和外来人口从郊区到中心城区的向内流动都相对有限，外来人口更表现出一种向外迁居的模式。

对于在人力资本、物质资本以及政治资本方面都表现突出的高技能外来人口而言，其与本地人口的住房分化仍然较为突出，处在住房等级阶梯中的较低位置。尽管在住房生涯的后期阶段，外来人口的住房条件有了相当大的改善，但由于可负担住房的供应较为短缺，高技能外来人口在本地开始住房生涯时面临的困难不容忽视，特别是第一居所的产权状况，就与本地人口拉开较大差距。在中国，居民住房生涯的发展更像是几代人的接力赛，起点取决于原生家庭所拥有的资源。住房不平等正在代际传递和扩大。

在中国住房改革和人口流动的背景下，作为个人的社会资本，家庭资源对本地人口和外来人口住房生涯有着深远的影响。首先，原生家庭在住房改革中是否获利对下一代的住房生涯的影响重大；在住房改革中获利的家庭可以通过代际传递将住房财富传给下一代。和本地人口的父母相比，城市外来人口的父母更有可能住在小城镇，他们在住房财富方面的获利较少。至于来自农村的外来人口，他们的父母根本没有从住房改革中受益。原生家庭的经济能力导致的本地人口和外来人口之间的差距背后还暗含着区域经济发展差异。

其次，地区间房价差距在扩大，以住房资产为主要构成的家庭资产在城市等级中也呈现出等级差。经过 30 余年的市场化改革，在地理空间上，城市等级体系正在逐步形成，而房价差距正在扩大（Gong，2017）。由于住房资产已成为家庭财富最重要的组成部分之一（甘犁等，2013），原生家庭的经济能力在较大程度上取决于其在城市等级体系中所处的位置。原生家庭所在地较大程度上决定了能否获得初始资金，从而影响到人们的住房生涯。

人口流动过程中的自我选择可以提供一个不同的视角来理解本地人口和外来人口之间的差异。在较小城市、城镇或乡镇，父母更有能力的外来人口可能已经回到了家乡，或者可能永远不会离开家乡。出于同样的原因，父母没那么有能力的本地人口也不会冒险迁居其他地区。综上所述，住房生涯方面的差距主要归因于外来人口和本地人口之间的财富代际传递所造成的差距，这背后既有经济发展方面的区域差异，又有外来人口的自我选择。

本章研究还揭示了教育边际效用递减规律。与职业学校的毕业生相比，拥有本科学历的高技能人口更有可能先租赁后自有住房。本科学历是一道分界线，可以让人们更易获得正式工作，并享受更多社会福利。鉴于房价的大幅上涨（南京 2013 年的房价几乎是 2008 年的 2 倍），个体进入住房市场的时机至关重要，而更高的学历推迟了个体住房生涯的开始时间，这可能解释了更高的受教育程度（硕士或博士）并不会显著提高住房生涯的成果。但在住房质量方面（如居住空间、邻里质量），本科以上学历的个体有优势。

中国社会过度推崇了住房自有产权的重要性，2013 年中国住房自有率高达 90.8%（甘犁等，2013）。中国青年进入住房市场的时间比大多数国家都早得多，通常接近 30 岁就进入住房市场，这可能归因于“先买房，后结婚”的社会共识。

这种购房责任往往由男性承担，女性除了自己购房之外还能通过婚姻获得住房，这也是女性更有可能拥有自有住房的原因。因此，没有个人财产的男性通常被认为是婚姻市场上的“弱势”群体。从这个角度来说，沉重的住房负担不仅阻碍了人们获得自有产权住房，也成为组建家庭的主要障碍。我们的研究发现，外来人口结婚、生子都滞后于本地人口，这在一定程度上解释了他们住房生涯上的差异。尽管外来人口推迟结婚可能出于自愿，但也很有可能是因为他们受制于较难获得自有产权住房。

参 考 文 献

边燕杰, 刘勇利. 2005. 社会分层、住房产权与居住质量——对中国“五普”数据的分析. 社会学研究, (3): 82-98.

蔡禾, 黄建宏. 2013. 谁拥有第二套房?——市场转型与城市住房分化. 吉林大学社会科学学报, 53(4): 102-114, 175-176.

柴彦威. 1998. 时间地理学的起源、主要概念及其应用. 地理科学, (1): 70-77.

陈成文, 黄利平. 2019. 论住房保障与实现新时代“弱有所扶”. 城市发展研究, 26(3): 1-5.

陈宏胜, 李志刚. 2014. 快速城镇化下中国大城市房权分异研究——对广州的实证. 地理学报, 69(12): 1821-1832.

陈杰. 2010. 我国保障性住房的供给与融资: 回顾与展望. 现代城市研究, 25(9): 13-17.

陈杰. 2012. 中国保障房建设中的几点理论探讨——“保障房”应该正名为“公共住房”//上海市社联, 中共上海市委党校, 中国浦东干部学院, 等. 转型·创新·改革——上海市社会科学界第十届学术年会文集(2012 年度)经济·管理学科卷. 上海: 上海市社会科学界联合会: 251-255.

陈杰. 2019. 新中国 70 年城镇住房制度的变迁与展望. 国家治理, (14): 25-35.

谌鸿燕. 2017. 代际累积与子代住房资源获得的不平等基于广州的个案分析. 社会, 37(4): 119-142.

杜德斌, 崔裴, 刘小玲. 1996. 论住宅需求、居住选址与居住分异. 经济地理, 16(1): 82-90.

段成荣, 马学阳. 2014. 当前我国新生代农民工的“新”状况. 人口与经济, (4): 16-22.

段成荣, 谢东虹, 吕利丹. 2019. 中国人口的迁移转变. 人口研究, 43(2): 12-20.

范晓光, 吕鹏. 2018. 找回代际视角: 中国大都市的住房分异. 武汉大学学报, 71(6): 177-187.

方长春. 2014. 体制分割与中国城镇居民的住房差异. 社会, 34(3): 92-116.

甘犁, 尹志超, 贾男, 等. 2013. 中国家庭资产状况及住房需求分析. 金融研究, (4): 1-14.

古杰, 周素红, 闫小培. 2013. 生命历程视角下的广州市居民居住迁移的时空路径. 地理研究, 32(1): 157-165.

国家统计局. 2019. 建筑业持续快速发展 城乡面貌显著改善——新中国成立 70 周年经济社会发展成就系列报告之十. http://www.stats.gov.cn/tjsj/zxfb/201907/t20190731_1683002.html [2021-04-28].

浩春杏. 2007. 城市居民住房梯度消费中的家庭因素研究. 江苏社会科学, (3): 78-83.

何深静, 刘玉亭, 吴缚龙. 2010. 南京市不同社会群体的贫困集聚度、贫困特征及其决定因素. 地理研究, 29(4): 703-715.

胡蓉. 2012. 市场化转型下的住房不平等: 基于 CGSS2006 调查数据. 社会, 32(1): 126-151.

黄建宏. 2018a. 哪类青年易陷入住房贫困——对转型期住房贫困生成逻辑的再探. 中国青年研究, (3): 53-62.

黄建宏. 2018b. 家庭背景与青年住房梦. 青年研究, (1): 23-33, 94-95.

黄燕芬, 张超. 2018. 城市行政层级视角的人口流动影响机理研究. 中国人口科学, (1): 33-45, 126-127.

李斌, 蒋娟娟, 张所地. 2018. 丈母娘经济: 婚姻匹配竞争对住房市场的非线性冲击. 现代财经(天津财经大学学报), 38(12): 72-81.

李春江, 马静, 柴彦威, 等. 2019. 居住区环境与噪音污染对居民心理健康的影响——以北京为例. 地理科学进展, 38(7): 1103-1110.

李金. 1993. 马克思的阶级理论与韦伯的社会分层理论. 社会学研究, (2): 23-30.

李力行, 周广肃. 2014. 代际传递、社会流动性及其变化趋势——来自收入、职业、教育、政治身份的多角度分析. 浙江社会科学, (5): 11-22, 156.

李强, 邓建伟, 晓筝. 1999. 社会变迁与个人发展: 生命历程研究的范式与方法. 社会学研究, (6): 1-18.

李煜. 2006. 制度变迁与教育不平等的产生机制——中国城市子女的教育获得(1966-2003). 中国社会科学, (4): 97-109, 207.

李志刚. 2012. 中国大都市新移民的住房模式与影响机制. 地理学报, 67(2): 189-200.

刘保中. 2018. 我国基础教育生均教育经费的区域差异及变动趋势. 教育探索, (5): 27-32.

刘精明. 2006. 高等教育扩展与入学机会差异: 1978-2003. 社会, (3): 158-179, 209.

刘涛, 卓云霞, 王洁晶. 2020. 邻近性对人口再流动目的地选择的影响. 地理学报, 75(12): 2716-2729.

刘望保. 2006. 国内外生命历程与居住选择研究回顾和展望. 世界地理研究, 15(2): 100-106.

刘望保, 闫小培. 2010. 转型期广州市生命历程与住房产权转换. 地理研究, 29(6): 1117-1128.

刘望保, 闫小培, 曹小曙. 2006. 转型期广州市城市居民住房产权分异研究. 热带地理, (4): 349-352, 364.

刘望保, 闫小培, 曹小曙. 2010. 转型期中国城镇居民住房类型分化及其影响因素——基于 CGSS(2005)的分析. 地理学报, 65(8): 949-960.

刘小平, 黎夏, 陈逸敏, 等. 2010. 基于多智能体的居住区位空间选择模型. 地理学报, 65(6): 695-707.

刘欣. 2005. 当前中国社会阶层分化的多元动力基础——一种权力衍生论的解释. 中国社会科学, (4): 101-114, 207.

刘晔, 潘卓林, 冯嘉旋, 等. 2019. 中国大城市保障房居民情绪幸福感影响因素——以广州市为例. 热带地理, 39(2): 180-187.

刘于琪, 刘晔, 李志刚. 2014. 中国城市新移民的定居意愿及其影响机制. 地理科学, 34(7): 780-787.

刘祖云, 胡蓉. 2010. 城市住房的阶层分化: 基于 CGSS2006 调查数据的分析. 社会, 30(5): 164-192.

芦恒. 2014. 房地产与阶层定型化社会——读《房地产阶级社会》. 社会, 34(4): 229-242.

陆益龙. 2008. 户口还起作用吗——户籍制度与社会分层和流动. 中国社会科学, (1): 149-162, 207-208.

马克斯・韦伯. 1997. 经济与社会. 上卷. 林荣远译. 北京: 商务印书馆.

马小红, 段成荣, 郭静. 2014. 四类流动人口的比较研究. 中国人口科学, (5): 36-46, 126-127.

马忠东, 周国伟, 王海仙. 2010. 市场化下城市居民的住房选择: 以广州为例. 人口与发展, 16(2): 97-107, 75.

毛小平. 2010. 社会分层、城市住房消费与贫富分化——基于 CGSS2005 数据的分析. 兰州学刊, (1): 117-123.

毛小平. 2014. 购房: 制度变迁下的住房分层与自我选择性流动. 社会, 34(2): 118-139.

聂晨, 方伟. 2017. 住房自有会撕裂青年群体吗——青年住房自有与阶层认同的研究. 中国青年研究, (8): 64-70.

上海市统计局. 2019 年上海市国民经济和社会发展统计公报. http://tjj.sh.gov.cn/tjgb/20200329/05f0f4abb2d448a69e4517f6a6448819. html[2020-03-20].

申沁. 2011. 财政分权的制度约束对区域教育经费投入影响的实证分析. 教育理论与实践, 31(4): 25-28.

宋程. 2020. 青年住房问题研究——基于长三角城市群青年民生调查的分析. 青年学报, (1): 27-33.

苏勇, 黄志勇. 2011. 小产权房转化为保障性住房的路径选择. 现代经济探讨, (2): 29-33.

孙立平. 2007. 高房价与当代中国社会结构. 新远见, (9): 121-124.

谭一洺, 柴彦威, 杨永春. 2017. 基于"推—拉"理论的城市少数民族居民迁居动因探讨. 南京社会科学, (3): 64-70.

涂龙峰, 蒋凌霞. 2010. 蚁族、蜗居: 新生代青年的群体困境. 中国青年研究, (3): 62-65, 70.

王春光. 2010. 对新生代农民工城市融合问题的认识. 人口研究, 34(2): 31-34, 55-56.

王春兰, 杨上广. 2015. 上海人口郊区化与新城发展动态分析. 城市规划, 39(4): 65-70.

王德, 朱查松, 谢栋灿. 2016. 上海市居民就业地迁移研究——基于手机信令数据的分析. 中国人口科学, (1): 80-89.

王丽艳, 贾宾, 葛秋磊, 等. 2016. 我国城市住房保障政策转变研究. 现代城市研究, (6): 31-36.

王宁, 陈胜. 2013. 中国城市住房产权分化机制的变迁——基于广州市(1980-2009)的实证研究. 兰州大学学报(社会科学版), 41(4): 1-12.

王圣云, 沈玉芳. 2011. 区域发展不平衡研究进展. 地域研究与开发, 30(1): 10-14.

王先柱, 王敏. 2018. 青年群体住房获得: 阶层固化能够打破吗. 财经科学, (1): 54-63.

王跃生. 2020. 直系组家庭: 当代家庭形态和代际关系分析的视角. 中国社会科学, (1): 107-132, 206-207.

王铮, 翟石艳. 2013. 计算机实验人文地理学的理论构建及应用——以城市居住区位选择为例. 地理科学进展, 32(10): 1444-1453.

温宗勇, 甄一男, 董明, 等. 2013. "居者有其屋"之路——北京市保障性住房现状调研. 北京规划建设, (2): 152-163.

吴开泽. 2017. 房改进程、生命历程与城市住房产权获得(1980—2010年). 社会学研究, 32(5): 68-93, 247-248.

吴开泽, 陈琳. 2014. 从生命周期到生命历程: 中西方住房获得研究回顾和展望. 城市发展研究, 12: 7-13.

吴开泽, 魏万青. 2018. 住房制度改革与中国城市青年住房获得——基于住房生涯视角和离散时间事件史模型的研究. 公共行政评论, 11(2): 36-61, 190.

吴双霞, 祁新华, 罗栋燊. 2012. 蚁族城市租住区位规律研究——以福州市为例. 人文地理, 27(4): 59-62.

吴维平, 王汉生. 2002. 寄居大都市: 京沪两地流动人口住房现状分析. 社会学研究, (3): 92-110.

吴银涛, 胡珍, 陈敏. 2012. 城市青年房奴现象的产生及生存发展状况研究. 中国青年研究, (2): 72-76.

谢宇, 张晓波, 李建新, 等. 2013. 中国民生发展报告 2013. 北京: 北京大学出版社.

殷文, 沈晓燕. 2018. 城市青年住房消费意愿的实证研究——基于消费社会学视角. 调研世界, (2): 20-25.

虞满华, 卜晓勇. 2017. 马克思与韦伯: 两种社会分层理论的比较. 贵州社会科学, (4): 30-36.

岳昌君. 2003. 经济发展水平的地区差异对教育资源配置的影响. 教育与经济, (1): 35-41.

张路, 龚刚, 李江一. 2016. 移民、户籍与城市家庭住房拥有率——基于 CHFS2013 微观数据的研究. 南开经济研究, 4: 115-135.

张文忠. 2001. 城市居民住宅区位选择的因子分析. 地理科学进展, (3): 267-274.

张文忠, 刘旺. 2004. 西方城市居住区位决策与再选择模型的评述. 地理科学进展, (1): 89-95.

张文忠, 刘旺, 李业锦. 2003. 北京城市内部居住空间分布与居民居住区位偏好. 地理研究, (6): 751-759.

张延吉, 唐杰, 秦波. 2019. "拼爹"还是"自立"——家庭代际支持对当代城市青年居住环境的影响. 青年研究, (3): 26-37, 94.

张燕燕, 王孙禺, 王敏. 2013. 我国高等教育资源区域分布历史演变驱动因素与作用机制分析. 清华大学教育研究, 34(2), 76-80.

赵莹, 柴彦威, 陈洁, 等. 2009. 时空行为数据的 GIS 分析方法. 地理与地理信息科学, 25(5): 1-5.

中国人民银行. 2020. 2019 年中国城镇居民家庭资产负债情况调查. 中国金融.

周春燕. 2013. 公正世界信念对不同社会阶层的个体与社会功能研究. 华中师范大学博士学位论文.

周素红, 刘玉兰. 2010. 转型期广州城市居民居住与就业地区位选择的空间关系及其变迁. 地理学报, 65(2): 191-201.

朱人珺. 2020. 社会分层对亲社会行为的影响. 武汉大学硕士学位论文.

Abramsson M, Borgegård L E, Fransson U. 2002. Housing careers: Immigrants in local Swedish housing markets. Housing Studies, 17(3): 445-464.

Albertini M, Tosi M, Kohli M. 2018. Parents' housing careers and support for adult children across Europe. Housing Studies, 33(2): 160-177.

Allen J. 2006. Welfare regimes, welfare systems and housing in southern Europe. European Journal of Housing Policy, 6(3): 251-277.

Allison P D. 2014. Event History and Survival Analysis: Regression for Longitudinal Event Data. 2nd ed. Beverly Hills: SAGE Publications.

Angelini V, Laferrère A, Weber G. 2013. Home-ownership in Europe: How did it happen? Advances in Life Course Research, 18(1): 83-90.

Aratani Y. 2011. Socio-demographic variations of homeowners and differential effects of parental homeownership on offspring's housing tenure. Housing Studies, 26: 723-746.

Arundel R. 2017. Equity inequity: Housing wealth inequality, inter and intra-generational divergences, and the rise of private landlordism. Housing, Theory and Society, 34: 176-200.

Arundel R, Hochstenbach C. 2018. The spatial polarization of housing markets and wealth accumulation. Centre for Urban Studies Working Paper Series No. 32.

Arundel R, Hochstenbach C. 2020. Divided access and the spatial polarization of housing wealth. Urban Geography, 41(4): 497-523.

Bailey A J. 2009. Population geography: Lifecourse matters. Progress in Human Geography, 33(3): 407-418.

Bayoh I, Irwin E G, Haab T. 2006, Determinants of residential location choice: How important are local public goods in attracting homeowners to central city locations? Journal of Regional Science, 46(1): 97-120.

Bayrakdar S, Coulter R, Lersch P, et al. 2019. Family formation, parental background and young adults' first entry into homeownership in Britain and Germany. Housing Studies, 34(6): 974-996.

Becker T L, Feeley M. 1973. The Impact of Supreme Court Decisions: Empirical Studies. New York: Oxford University.

Bernardi F, Poggio T. 2004. Homeownership and social inequality in comparative perspective//Kurz K, Blossfeld H-P. Home Ownership and Social Inequality in Comparative Perspective. Stanford: Stanford University Press: 233-254.

Bian Y, Logan J R. 1996. Market transition and the persistence of power: The changing stratification system in urban China. American Sociological Review, 61(5): 739-758.

Boehm T P, Schlottmann A M. 1999. Does home ownership by parents have an economic impact on their children? Journal of Housing Economics, 8: 217-232.

Bolt G, van Kempen R. 2002. Moving up or moving down? Housing careers of Turks and Moroccans in Utrecht, the Netherlands. Housing Studies, 17(3): 401-422.

Bolt G, van Kempen R. 2010. Ethnic segregation and residential mobility: Relocations of minority ethnic groups in the Netherlands. Journal of Ethnic and Migration Studies, 36(2): 333-354.

Bonvalet C, Carpenter J, White P. 1995. The residential mobility of ethnic minorities: A longitudinal analysis. Urban Studies, 32(1): 87-103.

Bosquet C, Overman H G. 2019. Why does birthplace matter so much? Journal of Urban Economics, 110: 26-34.

Buttimer R J, Gu A Y, Yang T T. 2004. The Chinese housing provident fund. International Real Estate Review, 7(1): 1-30.

Cabré Pla A, Cabrerizo J A M. 2004. Homeownership and social inequality in Spain//Kurz K, Blossfeld H-P. Home ownership and social inequality in comparative perspective. Stanford: Stanford University Press: 233-254.

Caldera A, Andrews D. 2011. Residential mobility and public policy in OECD countries. OECD Journal: Economic Studies, (1): 1-22.

Castles F C, Ferrera M. 1996. Home ownership and the welfare state: Is southern Europe different? South European Society and Politics, 1(2): 163-185.

Chan K W, Liu T, Yang Y. 1999. Hukou and non-hukou migrations in China: Comparisons and contrasts. International Journal of Population Geography, 5(6): 425-448.

Chen J, Chen C, Timmermans H J P. 2008. Accessibility trade-offs in household residential location decisions. Transportation Research Record, 2077(1): 71-79.

Chen J, Yang Z. 2017. What do young adults on the edges of homeownership look like in big cities in an emerging economy: Evidence from Shanghai. Urban Studies, 54(10): 2322-2341.

Chen W, Wu X, Miao J. 2019. Housing and subjective class identification in urban China. Chinese Sociological Review, 51 (3): 221-250.

Chetty R, Friedman J N, Hendren N, et al. 2018. The opportunity atlas: Mapping the childhood roots of social mobility. NBER Working Papers.

Chetty R, Hendren N. 2018. The impacts of neighborhoods on intergenerational mobility I: Childhood exposure effects. Quarterly Journal of Economics, 133 (3): 1107-1162.

Chetty R, Hendren N, Kline P, et al. 2014. Where is the land of opportunity? The geography of intergenerational mobility in the United States. The Quarterly Journal of Economics, 129 (4): 1553-1623.

Cheung W K S, Chan J T K, Monkkonen P. 2020. Marriage-induced homeownership as a driver of housing booms: Evidence from Hong Kong. Housing Studies, 35 (4): 720-742.

Choocharukul K, Van H T, Satoshi F. 2008. Psychological effects of travel behavior on preference of residential location choice. Transportation Research Part A: Policy and Practice, 42 (1): 116-124.

Choudhury C F, Ayaz S B. 2015. Why live far?—Insights from modeling residential location choice in Bangladesh. Journal of Transport Geography, 48: 1-9.

Cigdem M, Whelan S. 2017. Intergenerational transfers and housing tenure: Australian evidence. International Journal of Housing Policy, 17: 227-248.

Clapham D. 2002. Housing pathways: A post-modern analytical framework. Housing, Theory and Society, 19 (2): 57-68.

Clark W A V. 2013. Life course events and residential change: Unpacking age effects on the probability of moving. Journal of Population Research, 30 (4): 319-334.

Clark W A V. 2016. Life events and moves under duress: Disruption in the life course and mobility outcomes. Longitudinal and Life Course Studies, 7 (3): 218-239.

Clark W A V, Huang Y. 2003. The life course and residential mobility in British housing markets. Environment and Planning A, 35 (2): 323-340.

Clark W A V, Lisowski W. 2017a. Decisions to move and decisions to stay: Life course events and mobility outcomes. Housing Studies, 32 (5): 547-565.

Clark W A V, Lisowski W. 2017b. Prospect theory and the decision to move or stay. Proceedings of the National Academy of Sciences, 114 (36): E7432-E7440.

Clark W A V, Withers S. 2008. Family migration and mobility sequences in the United States: Spatial mobility in the context of the life course. Demographic Research, 17 (20): 591-622.

Clark W A V, Deurloo M C, Dieleman F M. 1984. Housing consumption and residential mobility. Annals of the Association of American Geographers, 74 (1): 29-43.

Clark W A V, Deurloo M C, Dieleman F M. 1994. Tenure changes in the context of micro-level family and macro-level economic shifts. Urban Studies, 31(1): 137-154.

Clark W A V, Deurloo M C, Dieleman F M. 1997. Entry to home-ownership in Germany: Some comparisons with the United States. Urban Studies, 34(1): 7-19.

Clark W A V, Deurloo M C, Dieleman F M. 2003. Housing careers in the United States, 1968-1993: Modelling the sequencing of housing states. Urban Studies, 40(1): 143-160.

Clark W A V, Deurloo M C, Dieleman F M. 2006. Residential mobility and neighbourhood outcomes. Housing Studies, 21(3): 323-342.

Clark W A V, Duque-Calvache R, Palomares-Linares I. 2017. Place attachment and the decision to stay in the neighbourhood. Population, Space and Place, 23(2): e2001.

Coulter R. 2018. Parental background and housing outcomes in young adulthood. Housing Studies, 33(2): 201-223.

Coulter R, van Ham M. 2013. Following people through time: An analysis of individual residential mobility biographies. Housing Studies, 28(7): 1037-1055.

Coulter R, van Ham M, Findlay A M. 2016. Re-thinking residential mobility: Linking lives through time and space. Progress in Human Geography, 40(3): 352-374.

Cui C. 2020. Housing career disparities in urban China: A comparison between skilled migrants and locals in Nanjing. Urban Studies, 57(3): 546-562.

Cui C, Deng W J, Lu T. 2021. Pathways to homeownership in urban China: Transitions and generational fractures. Journal of Housing and the Built Environment, 36: 9-27.

Cui C, Geertman S, Hooimeijer P. 2014. The intra-urban distribution of skilled migrants: Case studies of Shanghai and Nanjing. Habitat International, 44: 1-10.

Cui C, Geertman S, Hooimeijer P. 2015. Residential mobility of skilled migrants in Nanjing, China. Environment and Planning A: Economy and Space, 47(3): 625-642.

Cui C, Geertman S, Hooimeijer P. 2016a. Access to homeownership in urban China: A comparison between skilled migrants and skilled locals in Nanjing. Cities, 50: 188-196.

Cui C, Geertman S, Hooimeijer P. 2016b. The mediating effects of parental and peer pressure on the migration intentions of university graduates in Nanjing. Habitat International, 57: 100-109.

Cui C, Huang Y Q, Wang F L. 2020. A relay race: Intergenerational transmission of housing inequality in urban China. Housing Studies, 35(6): 1088-1109.

Davies R B, Pickles A R. 1991. An analysis of housing careers in Cardiff. Environment and Planning A, 23(5): 629-650.

Deng W J, Hoekstra J S C M, Elsinga M G. 2016. The changing determinants of homeownership amongst young people in urban China. International Journal of Housing Policy, 16(2): 201-222.

Deng W J, Hoekstra J S C M, Elsinga M G. 2019. Why women own less housing assets in China?

The role of intergenerational transfers. Journal of Housing and the Built Environment, 34(1): 1-22.

Deng W J, Hoekstra J S C M, Elsinga M G. 2020. The urban-rural discrepancy of generational housing pathways: A new source of intergenerational inequality in urban China? Habitat International, 98: 102102.

Deurloo M C, Clark W A V, Dieleman F M. 1994. The move to housing ownership in temporal and regional contexts. Environment and Planning A, 26(11): 1659-1670.

Dieleman F M. 2001. Modelling residential mobility: A review of recent trends in research. Journal of Housing and the Built Environment, 16(3/4): 249-265.

Dieleman F M, Everaers P C. 1994. From renting to owning: Life course and housing market circumstances. Housing Studies, 9(1): 11-25.

Elder G H Jr., Johnson M K, Crosnoe R. 2003. The emergence and development of life course theory//Mortimer J T, Shanahan M J. Handbooks of the Life Course. New York: Kluer Academic, Plenum Publishers: 3-19.

Elliott P, Wadley D. 2013. Residents speak out: Re-appraising home ownership, property rights and place attachment in a risk society. Housing, Theory and Society, 30(2): 131-155.

Ermisch J, Halpin B. 2004. Home ownership and social inequality in Britain//Kurz K, Blossfeld H-P. Home Ownership and Social Inequality in Comparative Perspective. California: Stanford University Press: 255-280.

Esping-Andersen G. 1990. The Three Worlds of Welfare Capitalism. Princeton: Princeton University Press.

Esping-Andersen G. 1999. Social Foundations of Postindustrial Economics. Oxford: Oxford University Press.

Fang L, Tian C. 2018. Housing and marital matching: A signaling perspective. China Economic Review, 47: 27-46.

Fang Y, Liu Z, Chen Y. 2020. Housing inequality in urban China: Theoretical debates, empirical evidences, and future directions. Journal of Planning Literature, 35(1): 41-53.

Fang Y, Logan J R, Pal A. 2015. Emerging socio-spatial pattern of Chinese cities: The case of Beijing in 2006. Habitat International, 47: 103-112.

Feijten P. 2005. Life Events and the Housing Career: A Retrospective Analysis of Timed Effects. Delft: Eburon.

Feijten P, Mulder C H. 2002. The timing of household events and housing events in the Netherlands: A longitudinal perspective. Housing Studies, 17(5): 773-792.

Feliciano C. 2005. Does selective migration matter? Explaining ethnic disparities in educational attainment among immigrants' children. International Migration Review, 39(4): 841-871.

Feijten P, van Ham M. 2010. The impact of splitting up and divorce on housing careers in the UK. Housing Studies, 25(4): 483-507.

Findlay A, McCollum D, Coulter R, et al. 2015. New mobilities across the life course: A framework for analysing demographically linked drivers of migration. Population, Space and Place, 21(4): 390-402.

Firang D. 2019. Exploring housing careers among Ghanaians in Toronto, Canada. Housing Studies, 34(5): 868-891.

Flowerdew R, Al-Hamad A. 2004. The relationship between marriage, divorce and migration in a British data set. Journal of Ethnic and Migration Studies, 30(2): 339-351.

Foye C, Clapham D, Gabrieli T. 2018. Home-ownership as a social norm and positional good: Subjective wellbeing evidence from panel data. Urban Studies, 55(6): 1290-1312.

Frey W H, Kobrin F E. 1982. Changing families and changing mobility: Their impact on the central city. Demography, 19(3): 261-277.

Friedman J. 1981. A conditional logit model of the role of local public services in residential choice. Urban Studies, 18(3): 347-358.

Fu Q. 2016. The persistence of power despite the changing meaning of homeownership: An age-period-cohort analysis of urban housing tenure in China, 1989-2011. Urban Studies, 53(6): 1225-1243.

Galster G C. 2012. Urban opportunity structure and racial/ethnic polarization//Tate W F. Research on Schools, Neighborhoods, and Communities: Toward Civic Responsibility. Washington: Rowman and Littlefield: 47-66.

Galster G, Sharkey P. 2017. Spatial foundations of inequality: A conceptual model and empirical overview. RSF: The Russell Sage Foundation Journal of the Social Sciences, 3(2): 1-33.

Galster G, Wessel T. 2019. Reproduction of social inequality through housing: A three-generational study from Norway. Social Science Research, 78: 119-136.

Geist C, McManus P A. 2008. Geographical mobility over the life course: Motivations and implications. Population, Space and Place, 14(4): 283-303.

Gober P. 1992. Urban housing demography. Progress in Human Geography, 16(2): 171-189.

Gong Y L. 2017. The spatial dimension of housing prices. Delft University, Doctoral Dissertation.

Groves R, Murie A, Watson C. 2007. Housing and the New Welfare State: Perspectives from East Asia and Europe. Farnham: Ashgate Publishing.

Gu D, Yin Y, Zhou J, et al. 2016. Homeownership among older adults in urban China: The importance of institutional factors. Journal of Cross-Cultural Gerontology, 31(4): 337-355.

Hao P, Tang S. 2018. Migration destinations in the urban hierarchy in China: Evidence from Jiangsu. Population, Space and Place, 24(2): e2083.

Hareven T K. 1976. Modernization and family history: Perspectives on social change. Signs, 2(1): 190-206.

Harold E, Leonard Z. 1991. Tenure choice, housing demand and residential location. Journal of Real Estate Research, 6(3): 341-356.

Harts J J, Hingtsman L. 1986. Verhuizingen op een rij: Een analyse van individuele verhuisgeschiedenissen. Department of Geography, University of Utrecht.

Haveman R, Wolfe B. 1994. Succeeding Generations: On the Effects of Investments in Children. New York: Russell Sage Foundation.

He S J, Liu Y T, Wu F L, et al. 2010. Social groups and housing differentiation in China's urban villages: An institutional interpretation. Housing Studies, 5: 671-691.

Helderman A C. 2007. Continuities in Homeownership and Residential Relocations. University of Amsterdam.

Helderman A C, Mulder C. 2007. Intergenerational transmission of homeownership: The roles of gifts and continuities in housing market characteristics. Urban Studies, 44(2): 231-247.

Henderson J V, Ioannides Y M. 1989. Dynamic aspects of consumer decisions in housing markets. Journal of Urban Economics, 26(2): 212-230.

Henretta J C. 1984. Parental status and child's home ownership. American Sociological Review, 49: 131-140.

Hirayama Y. 2010. Housing pathway divergence in Japan's insecure economy. Housing Studies, 25(6): 777-797.

Ho M H, Kwong T M. 2002. Housing reform and home ownership behaviour in China: A case study in Guangzhou. Housing Studies, 17(2): 229-244.

Hoekstra J. 2003. Housing and the welfare state in the Netherlands: An application of Esping-Andersen's typology. Housing, Theory and Society, 20(2): 58-71.

Holland J A. 2012. Home and where the heart is: Marriage timing and joint home purchase. European Journal of Population, 28(1): 65-89.

Holliday I. 2000. Productivist welfare capitalism: Social policy in East Asia. Political Studies, 48: 706-723.

Hooimeijer P, Oskamp A. 2000. Locsim: microsimulation of households and housing market//Paper delivered at the 10th biennial conference of the Australian Population Association, Melbourne, 28.

HSBC. 2017. Beyond the Bricks: The meaning of home. https://www.hsbc.com/-/files/hsbc/media/

media-release/2017/170227-beyond-the-bricks-global-factsheet. pdf?download=1[2021-09-23].

Hu F. 2011. Homeownership and subjective wellbeing in urban China: Does owning a house make you happier? Social Indicators Research, 110: 951-971.

Hu L, Wang L. 2019. Housing location choices of the poor: does access to jobs matter? Housing Studies, 34(10): 1721-1745.

Huang X, Dijst M, van Weesep J, et al. 2014. Residential mobility in China: Home ownership among rural-urban migrants after reform of the hukou registration system. Journal of Housing and the Built Environment, 29: 615-636.

Huang Y. 2001. Housing Choice in Transitional Urban China. University of California, Los Angeles, Doctoral Dissertation.

Huang Y. 2004. The road to homeownership: A longitudinal analysis of tenure transition in urban China (1949-94). International Journal of Urban and Regional Research, 28(4): 774-795.

Huang Y, Clark W A V. 2002. Housing tenure choice in transitional urban China: A multilevel analysis. Urban studies, 39(1): 7-32.

Huang Y, Deng F F. 2006. Residential mobility in Chinese cities: A longitudinal analysis. Housing studies, 21(5): 625-652.

Huang Y, Jiang L. 2009. Housing inequality in transitional Beijing. International Journal of Urban and Regional Research, 33(4): 936-956.

Huang Y, Tao R. 2015. Housing migrants in Chinese cities: Current status and policy design. Environment and Planning C: Government and Policy, 33: 640-660.

Huang Y, Yi C D. 2011. Second home ownership in transitional urban China. Housing Studies, 26(3): 423-447.

Huang Y, Yi C D. 2015. Invisible migrant enclaves in Chinese cities: Underground living in Beijing, China. Urban Studies, 52(15): 2948-2973.

Huff J O, Clark W A V. 1978. Cumulative stress and cumulative inertia: A behavioral model of the decision to move. Environment and Planning A, 10(10): 1101-1119.

Kalmijn M. 2013. The educational gradient in marriage: A comparison of 25 European countries. Demography, 50(4): 1499-1520.

Kemeny J. 2001. Comparative housing and welfare: Theorising the relationship. Journal of Housing and the Built Environment, 16(1): 53-70.

Kendig H L. 1984. Housing careers, life cycle and residential mobility: Implications for the housing market. Urban Studies, 21(3): 271-283.

Kim J H, Pagliara F, Preston J. 2005. The intention to move and residential location choice behaviour. Urban Studies, 42(9): 1621-1636.

Köppe S. 2018. Passing it on: Inheritance, coresidence and the influence of parental support on homeownership and housing pathways. Housing Studies, 33 (2) : 224-246.

Kurz K. 2004. Labour market position, intergenerational transfers and home-ownership. A longitudinal analysis for west German birth cohorts. European Sociological Review, 20: 141-159.

Kurz K, Hans-Peter B. 2004. Introduction social stratification, welfare regimes, and access to home ownership//Kurz K, Blossfeld H-P. Home Ownership and Social Inequality in Comparative Perspective. Stanford: Stanford University Press: 1-20.

Lee B H Y, Waddell P. 2010. Residential mobility and location choice: A nested logit model with sampling of alternatives. Transportation, 37 (4) : 587-601.

Lee H, Myers D, Painter G, et al. 2018. The role of parental financial assistance in the transition to homeownership by young adults. Journal of Housing Economics, 47: 101597.

Lennartz C, Helbrecht I. 2018. The housing careers of younger adults and intergenerational support in Germany's "society of renters". Housing Studies, 33 (2) : 317-336.

Li S M. 2000a. The housing market and tenure decisions in Chinese cities: A multivariate analysis of the case of Guangzhou. Housing Studies, 15 (2) : 213-236.

Li S M. 2000b. Housing consumption in urban China: A comparative study of Beijing and Guangzhou. Environment and Planning A, 32(6): 1115-1134.

Li S M. 2003. Housing tenure and residential mobility in urban China: A study of commodity housing development in Beijing and Guangzhou. Urban Affairs Review, 38 (4) : 510 534.

Li S M. 2004. Life course and residential mobility in Beijing, China. Environment and Planning A, 36 (1) : 27-43.

Li S M, Li L M. 2006. Life course and housing tenure change in urban China: A study of Guangzhou. Housing Studies, 21 (5) : 653-670.

Li S M, Mao S. 2017. Exploring residential mobility in Chinese cities: An empirical analysis of Guangzhou. Urban Studies, 54 (16) : 3718-3737.

Li S M, Siu Y M. 2001. Residential mobility and urban restructuring under market transition: A study of Guangzhou, China. The Professional Geographer, 53 (2) : 219-229.

Li S M, Wang D G, Law F Y. 2005. Residential mobility in a changing housing system: Guangzhou, China, 1980-2001. Urban Geography, 26 (7) : 627-639.

Li S M, Yi Z. 2007a. Financing home purchase in China, with special reference to Guangzhou. Housing Studies, 22 (3) : 409-425.

Li S M, Yi Z. 2007b. The road to homeownership under market transition: Beijing, 1980-2001. Urban Affairs Review, 42(3): 342-368.

Liang B. 2013. Housing inequality under market transition in urban China: Evidence from the 2005

Mini Census. The University of Utah, Master Dissertation.

Liu Y. 2015. Geographical stratification and the role of the state in access to higher education in contemporary China. International Journal of Educational Development, 44: 108-117.

Liu Y, Shen J F. 2014. Jobs or amenities? Location choices of interprovincial skilled migrants in China, 2000-2005. Population, Space and Place, 20(7): 592-605.

Liu Y, Dijst M, Geertman S, et al. 2017. Social sustainability in an ageing Chinese society: Towards an integrative conceptual framework. Sustainability, 9: 658.

Liu Z, Chai Y. 2013. Danwei, family ties, and residential mobility of urban elderly in Beijing. https://oxford.universitypressscholarship.com/view/10.1093/acprof:oso/9780199990313.001.0001/acprof-9780199990313-chapter-11[2021-09-23].

Logan J R, Bian Y, Bian F. 1999. Housing inequality in urban China in the 1990s. International Journal of Urban and Regional Research, 23(1): 7-25.

Logan J R, Fang Y, Zhang Z X. 2009. Access to housing in urban China. International Journal of Urban and Regional Research, 33(4): 914-935.

Logan J R, Fang Y P, Zhang Z X. 2010. The winners in China's urban housing reform. Housing Studies, 25(1): 101-117.

Long L. 1988. Migration and Residential Mobility in the United States. New York: Russell Sage Foundation.

Mayer C J, Engelhardt G V. 1996. Gifts, down payments, and housing affordability. Journal of Housing Research, 7(1): 59-77.

McKee K. 2012. Young people, homeownership and future welfare. Housing Studies, 27(6): 853-862.

Ministry of Housing, Communities and Local Government. 2020. English housing survey: headline report, 2017-18. https://assets.publishing.service.gov.uk/government/uploads/system/uploads/attachment_data/file/834603/2017-18_EHS_Headline_Report. pdf [2020-11-16].

Mood C. 2010. Logistic regression: why we cannot do what we think we can do, and what we can do about it. European Sociological Review, 26(1): 67-82.

Mulder C H. 2007. The family context and residential choice: A challenge for new research. Population, Space and Place, 13: 265-278.

Mulder C H, Hooimeijer P. 1999. Residential relocations in the life course//van Wissen L J G, Dykstra P A. Population Issues: An Interdisciplinary Focus. Dordrecht: Springer: 159-186.

Mulder C H, Smits A. 2013. Inter-generational ties, financial transfers and home-ownership support. Journal of Housing and the Built Environment, 28(1): 95-112.

Mulder C H, Smits J. 1999. First-time home-ownership of couples the effect of inter-generational transmission. European Sociological Review, 15: 323-337.

Mulder C H, Wagner M. 1998. First-time home-ownership in the family life course: A West German-Dutch comparison. Urban Studies, 35 (4) : 687-713.

Mulder C H, Wagner M. 2001. The connections between family formation and first-time home ownership in the context of West Germany and the Netherlands. European Journal of population/Revue Europeenne De Demographie, 17 (2) : 137-164.

Mulder C H, Dewilde C, Duijn M V, et al. 2015. The association between parents' and adult children's homeownership: A comparative analysis. European Journal of Population, 31: 495-527.

Muraki K. 2009. A theory of housing prices and the homeownership rate: Evidence from the housing markets in Japan and the US. http://economics.sas.upenn.edu/events/theoryhousing-prices-and-omeownership-rate-evidence-housing-markets-japan-and-us[2021-09-23].

Murdie R A. 2002. The housing careers of polish and Somali newcomers in Toronto's rental market. Housing Studies, 17 (3) : 423-443.

Myers D, Lee H, Simmons P A. 2020. Cohort insights into recovery of millennial homeownership after the Great Recession. Journal of Housing Economics, 47: 101619.

National Association of Realtors. 2019. 2019 Profile of home buyers and sellers. https://www. nysar. com/wp-content/uploads/2020/01/2019-NAR-HBS.pdf[2020-11-16].

Nee V. 1989. A theory of market transition: from redistribution to markets in state socialism. American Sociological Review, 54 (5) : 663-681.

Nielsen C P, Jensen K B. 2011. Declining home ownership among young Danish adults: An affordability problem or just postponement? Danish Institute of Governmental Research.

Oishi S, Talhelm T. 2012. Residential mobility: What psychological research reveals. Current Directions in Psychological Science, 21 (6) : 425-430.

Olatubara C O. 1998. An alternative approach to the urban residential location decision in Nigeria: The nestling idea. Habitat International, 22 (1) : 57-67.

Or T. 2018. Pathways to homeownership among young professionals in urban China: The role of family resources. Urban Studies, 55 (11) : 2391-2407.

Öst C E. 2012. Parental wealth and first-time homeownership: A cohort study of family background and young adults' housing situation in Sweden. Urban Studies, 49: 2137-2152.

Özüekren A S, van Kempen R. 2002. Housing careers of minority ethnic groups: Experiences, explanations and prospects. Housing studies, 17 (3) : 365-379.

Pickles A R, Davies R B. 1991. The empirical analysis of housing careers: A review and a general statistical modelling framework. Environment and Planning A, 23 (4) : 465-484.

Pinjari A R, Pendyala R M, Bhat C R, et al. 2011. Modeling the choice continuum: An integrated model of residential location, auto ownership, bicycle ownership, and commute tour mode choice decisions. Transportation, 38(6): 933.

Poggio T. 2008. The intergenerational transmission of home ownership and the reproduction of the familialistic welfare regime//Saraceno C. Families, Ageing and Social Policy. Cheltenham: Edward Elgar: 59-87.

Polanyi K. 1957. The economy as instituted process//Polanyi K, Arensberg C, Pearson H. Trade and Market in the Early Empires. New York: Free Press: 243-270.

Poncet S. 2006. Provincial migration dynamics in China: Borders, costs and economic motivations. Regional Science and Urban Economics, 36(3): 385-398.

Prashker J, Shiftan Y, Hershkovitch-Sarusi P. 2008. Residential choice location, gender and the commute trip to work in Tel Aviv. Journal of Transport Geography, 16(5): 332-341.

Reuter E B. 1937. The sociology of adolescence. American Journal of Sociology, 43(3): 414-427.

Roberts K. 1968. The entry into employment: An approach towards a general theory. Sociological Review, 16: 165-182.

Rohe W M, Basolo V. 1997. Long-term effects of homeownership on the self-perceptions and social interaction of low-income persons. Environment and Behavior, 29(6): 793-819.

Ronald R, Doling J. 2010. Shifting East Asian approaches to home ownership and the housing welfare pillar. International Journal of Housing Policy, 10(3): 233-254.

Ronald R, Kyung S. 2013. Housing system transformations in Japan and South Korea: Divergent responses to neo-liberal forces. Journal of Contemporary Asia, 43(3): 452-474.

Ronald R, Lennartz C. 2018. Housing careers, intergenerational support and family relations. Housing Studies, 33(2): 147-159.

Rossi P H. 1955. Why families move: A study in the social psychology of urban residential mobility. Glencoe: Free Press.

Rossi P H. 1980. Why Families Move. Sage: Beverly Hills.

Sampson R J. 2019. Neighbourhood effects and beyond: Explaining the paradoxes of inequality in the changing American metropolis. Urban Studies, 56(1): 3-32.

Sánchez L A. 2018. Segmented paths? Mexican generational differences in the transition to first-time homeownership in the United States. Journal of International Migration and Integration, 19(3): 737-755.

Sato H. 2006. Housing inequality and housing poverty in urban China in the late 1990s. China Economic Review, 17(1): 37-50.

Schirmer P M, van Eggermond M A B, Axhausen K W. 2014. The role of location in residential location choice models: A review of literature. Journal of Transport and Land Use, 7(2): 3-21.

Semyonov M, Lewin-Epstein N. 2001. The impact of parental transfers on living standards of married children. Social Indicators Research, 54(2): 115-137.

Sermons M W, Koppelman F S. 2001. Representing the differences between female and male commute behavior in residential location choice models. Journal of Transport Geography, 9(2): 101-110.

Sharkey P, Elwert F. 2011. The legacy of disadvantage: Multigenerational neighborhood effects on cognitive ability. American Journal of Sociology, 116(6): 1934-1981.

Sharkey P, Faber J W. 2014. Where, when, why, and for whom do residential contexts matter? Moving away from the dichotomous understanding of neighborhood effects. Annual Review of Sociology, 40(1): 559-579.

Simpson W. 1987. Workplace location, residential location, and urban commuting. Urban Studies, 24(2): 119-128.

Sinning M. 2010. Homeownership and economic performance of immigrants in Germany. Urban Studies, 47(2): 387-409.

Smith B, Olaru D. 2013. Lifecycle stages and residential location choice in the presence of latent preference heterogeneity. Environment and Planning A: Economy and Space, 45(10): 2495-2514.

Smits A, Mulder C H. 2008. Family dynamics and first-time homeownership. Housing Studies, 23(6): 917-933.

South S J, Crowder K D. 1997. Escaping distressed neighborhoods: Individual, community, and metropolitan influences. American Journal of Sociology, 102(4): 1040-1084.

Song X, Xie Y. 2014. Market transition theory revisited: Changing regimes of housing inequality in China, 1988-2002. Sociological Science, 1: 277-291.

Spilerman S, Wolff F C. 2012. Parental wealth and resource transfers: How they matter in France for home ownership and living standards, Social Science Research, 41: 207-223.

Stamsø M A. 2009. Housing and the welfare state in Norway. Scandinavian Political Studies, 32 (2): 195-220.

Stephens M. 2016. Using Esping-Andersen and Kemeny's welfare and housing regimes in comparative housing research. Critical Housing Analysis, 3(1): 19-29.

Stephens M, Lux M, Sunega P. 2015. Housing: Asset-based Welfare or the "Engine of Inequality"? Critical Housing Analysis, 2(1): 22.

Stillerman J. 2017. Housing pathways, elective belonging, and family ties in middle class Chileans' housing choices. Poetics, 61: 67-78.

Stovel K, Bolan M. 2004. Using optimal alignment to reveal the structure of residential mobility. Sociological Methods & Research, 32(4): 559-598.

Sun M J, Fan C C. 2011. China's permanent and temporary migrants: Differentials and changes, 1990-2000. Professional Geographer, 63(1): 92-112.

Tillema T, van Wee B, Ettema D. 2010. The influence of (toll-related) travel costs in residential location decisions of households: A stated choice approach. Transportation Research Part A: Policy and Practice, 44(10): 785-796.

Turner J C. 1968. Housing priorities, settlement patterns, and urban development in modernizing countries Journal of the American Institute of Planners, 34: 354-363.

van Ham M. 2002. Job access, workplace mobility, and occupational achievement. University Utrecht, Doctoral Dissertation.

van Ham M, Feijten P. 2008. Who wants to leave the neighbourhood? The effect of being different from the neighbourhood population on wishes to move. Environment and Planning A, 40(5): 1151-1170.

van Kempen R, Özüekren A S. 1998. Ethnic segregation in cities: New forms and explanations in a dynamic world. Urban Studies, 35(10): 1631-1656.

van der Vlist A J, Gorter C, Nijkamp P, et al. 2002. Residential mobility and local housing market differences. Environment and Planning A: Economy and Space, 34(7): 1147-1164.

Venter A, Marais L, Hoekstra J, et al. 2015. Reinterpreting South African housing policy through welfare state theory. Housing, Theory and Society, 32(3): 346-366.

Wang F. 2015. Home relocation and changes in satisfaction with residence, travel and life: A study of Beijing. Hong Kong Baptist University, Doctoral Dissertation.

Wang F, Wang D. 2020. Changes in residential satisfaction after home relocation: A longitudinal study in Beijing, China. Urban Studies, 57(3): 583-601.

Wang H, Li W, Deng Y. 2017. Precarity among highly educated migrants: College graduates in Beijing, China. Urban Geography, 38(10): 1497-1516.

Wang M Q. 2018. "Rigid Demand": Economic imagination and practice in China's urban housing market. Urban Studies, 55 (7): 1579-1594.

Wang Y, Otsuki T. 2015. Do institutional factors influence housing decision of young generation in urban China: Based on a study on determinants of residential choice in Beijing. Habitat International, 49: 508-515.

Wang Y P. 2000. Housing reform and its impacts on the urban poor in China. Housing Studies, 15(6): 845-864.

Wang Y P. 2019. Migration and urban housing market dynamics in China//Chiu R L H, Liu Z, Renaud B. International Housing Market Experience and Implications for China. New York: Routledge: 307-329.

Wang Y P, Murie A. 2000. Social and spatial implications of housing reform in China. International Journal of Urban and Regional Research, 24(2): 397-417.

Wang Y P, Murie A. 2011. The new affordable and social housing provision system in China: Implications for comparative housing studies. International Journal of Housing Policy, 11(3): 237-254.

Wei Y D, Xiao W Y, Simon C A, et al. 2018. Neighborhood, race and educational inequality. Cities, 73: 1-13.

Weisbrod G, Ben-Akiva M, Lerman S. 1980. Tradeoffs in residential location decisions: Transportation vs. other factors. Transportation Policy and Decision Making, 1(1): 13-26.

Willekens F J. 1999. The life course: Models and analysis//van Wissen L J G, Dykstra, P A. Population Issues. The Plenum Series on Demographic Methods and Population Analysis. Dordrecht: Springer: 23-29.

Wu F L. 2004c. Intraurban residential relocation in Shanghai: modes and stratification. Environment and Planning A, 36(1): 7-35.

Wu F L. 2004b. Residential relocation under market-oriented redevelopment: The process and outcomes in urban China. Geoforum, 35(4): 453-470.

Wu J W, Yu Z, Wei Y D, et al. 2019b. Changing distribution of migrant population and its influencing factors in urban China: Economic transition, public policy, and amenities. Habitat International, 94: 102063.

Wu L, Bian Y, Zhang W. 2019a. Housing ownership and housing wealth: New evidence in transitional China. Housing Studies, 34(3): 448-468.

Wu W. 2004a. Sources of migrant housing disadvantage in urban China. Environment and Planning A, 36(7): 1285-1304.

Wu W. 2006. Migrant intra-urban residential mobility in urban China. Housing Studies, 21(5): 745-765.

Wu W, Zhang W, Dong G. 2013. Determinant of residential location choice in a transitional housing market: Evidence based on micro survey from Beijing. Habitat International, 39: 16-24.

Xiao L, Qiu Q, Gao L. 2016. Chinese housing reform and social sustainability: Evidence from post-reform home ownership. Sustainability, 8(10): 1053.

Xie Y, Jin Y. 2015. Household wealth in China. Chinese sociological review, 47(3): 203-229.

Yi C, Huang Y. 2014. Housing consumption and housing inequality in Chinese cities during the first decade of the twenty-first century. Housing Studies, 29(2): 291-311.

Yi C, Lee S. 2014. An empirical analysis of the characteristics of residential location choice in the rapidly changing Korean housing market. Cities, 39: 156-163.

Young W. 1984. Modelling residential location choice. Australian Geographer, 16(1): 21-28.

Zhang H. 2010. The hukou system's constraints on migrant workers' job mobility in Chinese cities. China Economic Review, 21(1): 51-64.

Zheng J. 2020. Women's "gender capital" experiences in conjugal housing consumption: Understanding a new pattern of gender inequality in China. Chinese Sociological Review, 52(2): 144-166.

Zhou J, Ronald R. 2017. Housing and welfare regimes: Examining the changing role of public housing in China. Housing, Theory and Society, 34(3): 253-276.

Zhou M, Logan J R. 1996. Market transition and the commodification of housing in urban China. International Journal of Urban and Regional Research, 20(3): 400-421.

Zhu L. 2018. Intergenerational housing asset transfer and the reproduction of housing inequality in urban China. Chinese Journal of Sociology, 4: 453-480.

Źróbek S, Trojanek M, Źróbek-Sokolnik A, et al. 2015. The influence of environmental factors on property buyers' choice of residential location in Poland. Journal of International Studies, 8(3): 164-174.

彩　图

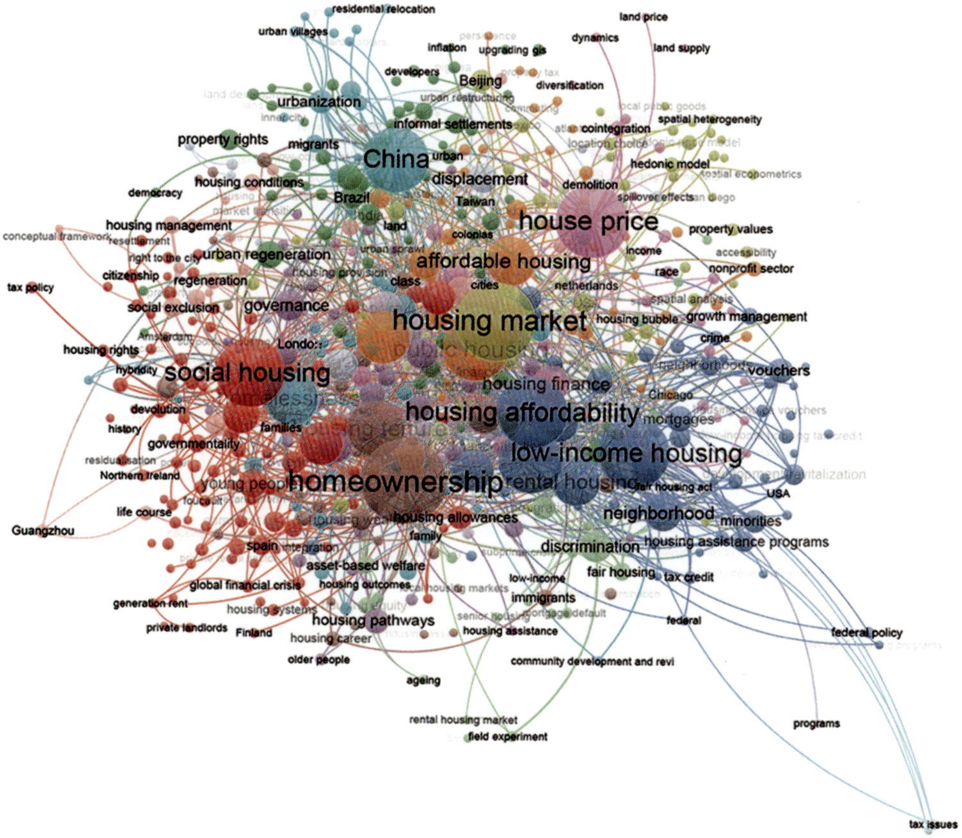

图 2-1　1966～2020 年住房研究关键词共现网络

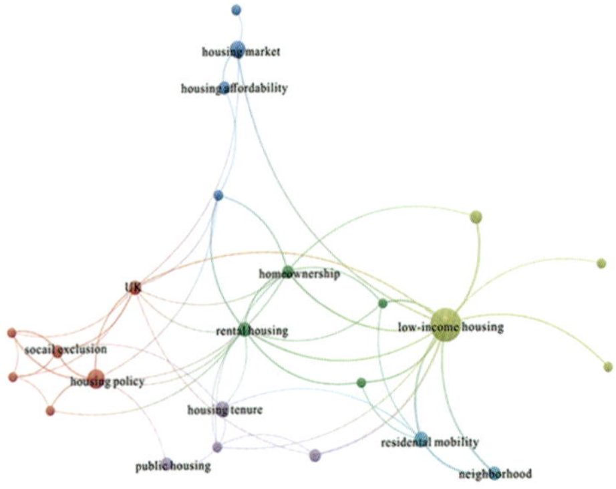

(a) 1990～1999年

(b) 2000～2009年

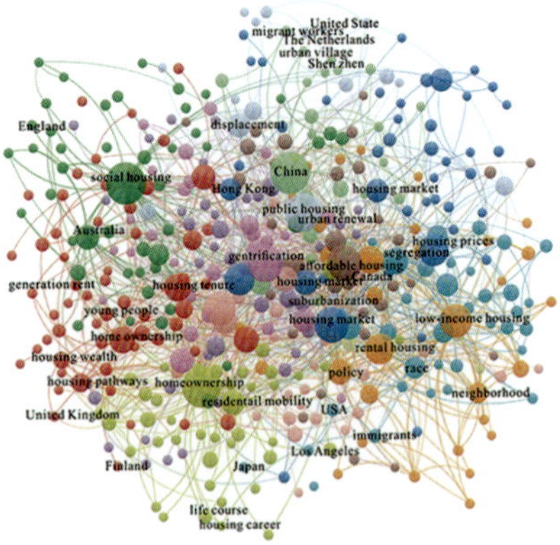

(c) 2010～2020年

图 2-2　住房研究关键词共现网络演化

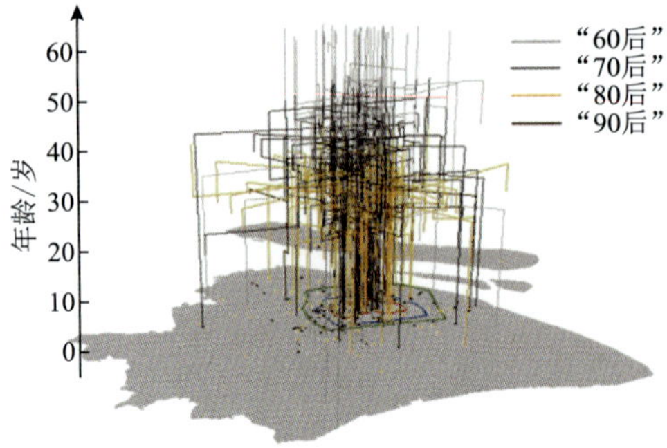

(a) 基于世代分类

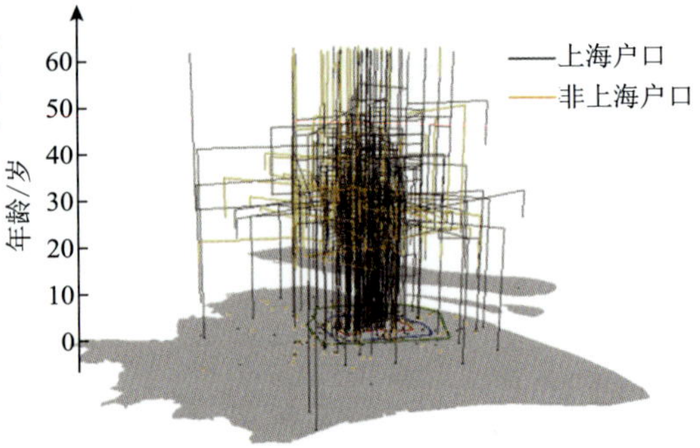

(b) 基于户口分类

图 7-2　上海市居民居住迁移时空轨迹

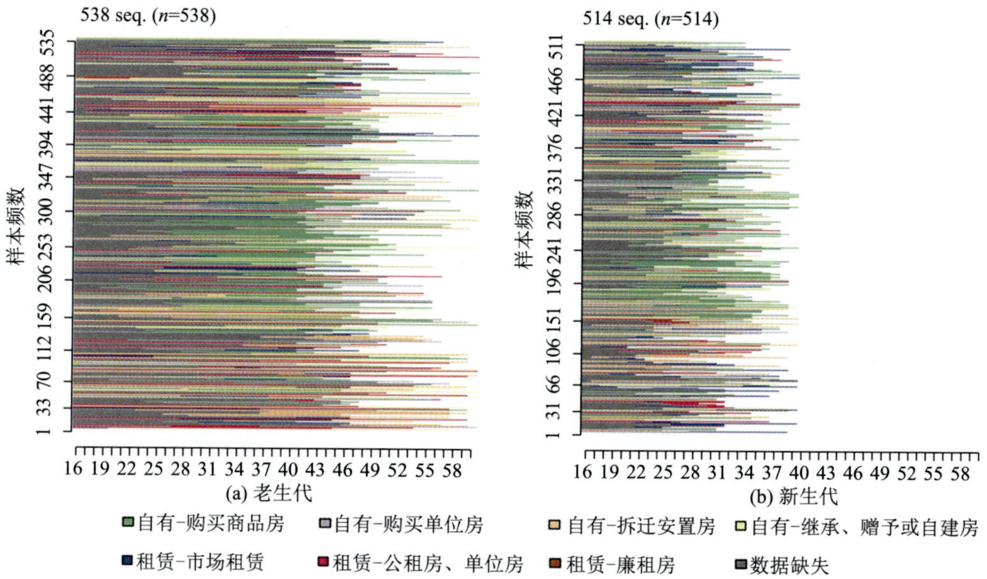

图 8-1　新生代和老生代住房类型序列

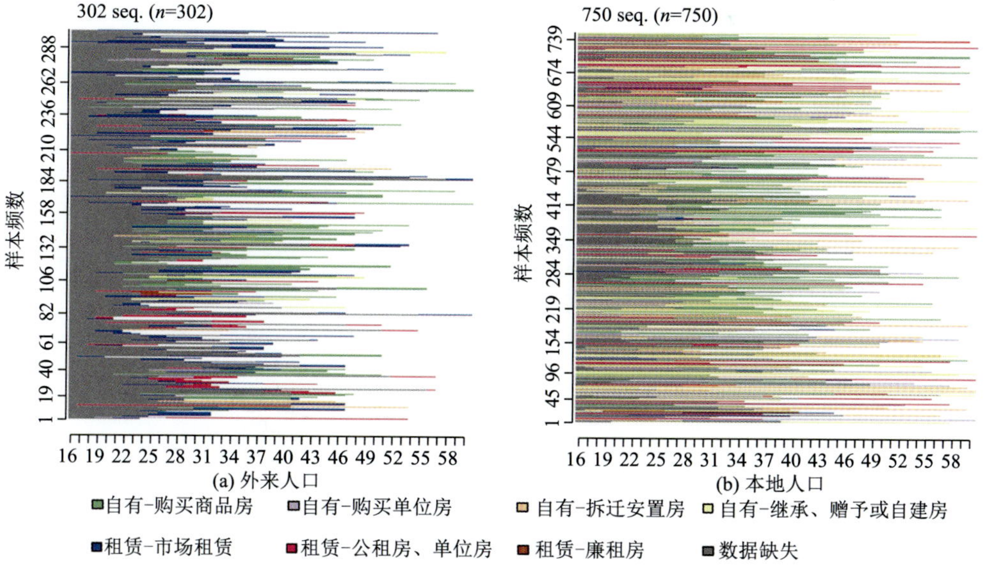

图 8-2　本地人口与外来人口住房类型序列

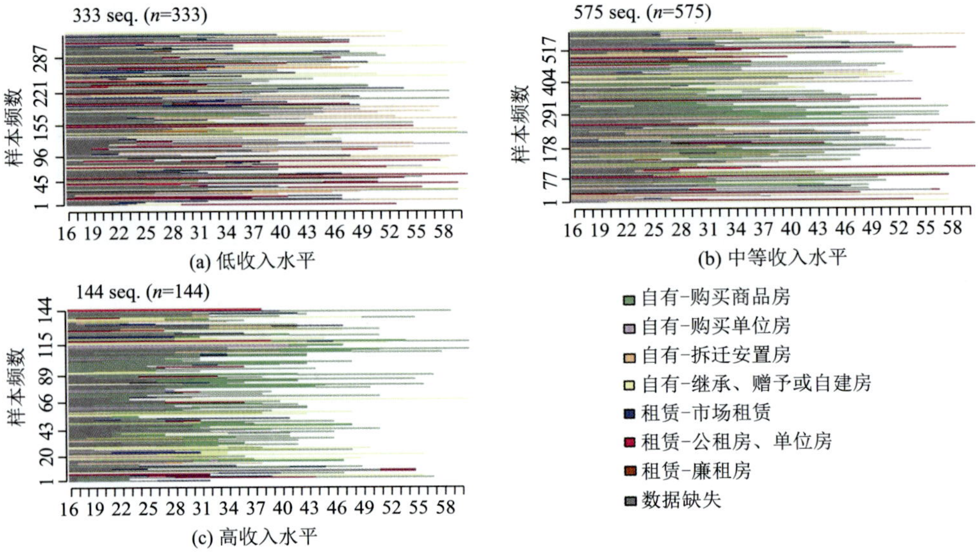

图 8-3　高、中、低收入群体住房类型序列